원어민의 일상 표현
쓰기 & 말하기 훈련

바로 쓰는 영어

바로 쓰는 영어

지은이 셸리
펴낸이 임상진
펴낸곳 (주)넥서스

초판 1쇄 발행 2022년 7월 20일
초판 21쇄 발행 2023년 7월 28일

출판신고 1992년 4월 3일 제311-2002-2호
10880 경기도 파주시 지목로 5
Tel (02)330-5500 Fax (02)330-5555

ISBN 979-11-6683-306-9 13740

www.nexusbook.com

원어민의 일상 표현 쓰기 & 말하기 훈련

바로 쓰는 영어

셀리 지음

어색한 표현 대신 원어민처럼 자연스러운 영어를 말한다!

넥서스

머리말

"난 당신의 노예가 아니야!"

이는 미국에서 어학연수도 하고, TESL 석사 과정도 밟은 제가 쇼핑을 하던 중 미국인 남편에게 들었던 말입니다. 그리고 이 말은 제가 그동안 받았던 영어 교육에 대해 다시 생각해 보게 된 중요한 계기가 되었습니다. 제가 한 말이라고는 "Pay for this T-shirt, please."라는 "계산 좀 해 달라."라는 부탁이었거든요. 남편의 갑작스러운 반응에 깜짝 놀랄 수밖에 없었습니다. 그리고 남편은 "당신은 나한테 Could you나 Would you로 말을 안 하고 매번 지시하듯 말을 하잖아!"라고 덧붙였습니다. '아니, please까지 붙여서 공손하게 부탁했건만 지시하듯 말을 했다니 도대체 무슨 말이지?' 지금 와서 생각해 보면 남편이 화를 낸 것이 백 번 이해가 되지만 그 당시에는 도무지 이해가 되지 않았습니다. 우리가 영어를 배울 때는 공손한 표현으로 말하고 싶을 때 뒤에 'please'를 붙인다는 것만 알려 주었지 명령문의 형태로는 아무리 please를 붙여도 지시의 어감이 강하다는 것은 알려 주지 않았기 때문입니다.

이후 생각을 해 보니 정말 영어 공부를 하는 동안 단 한 번도 원어민들의 표현 방식이 한국인의 그것과 어떻게 달라서 어떤 오해를 받을 수 있는지 배워 본 적이 없었습니다. 단순히 머리에 떠오르는 한국말을 그대로 영어로 옮겨 놓는 연습을 해 왔을 뿐이었죠. 그러다 보니 상황에 맞지 않는 표현도 종종 하게 되고 문화적으로 실례가 되는 말도 의도치 않게 내뱉게 되면서 오해를 받기도 했던 것입니다. 갑자기 싸늘해지는 상대방의 반응에 진땀을 흘린 적이 몇 번

이었는지 생각만 해도 아찔합니다. 그리고 10년가량 학생들의 영어를 교정해 오면서 이런 문제는 우리가 공통적으로 겪고 있는 것임을 더욱 확실히 알 수 있었습니다. 좀 더 자연스럽고 오해 없는 의사소통을 위해서는 문맥과 상황을 통한 영어 학습이 정말 중요하다는 것, 또한 언어뿐만 아니라 그들의 문화까지도 이해하는 것이 꼭 필요하다는 것을 절실히 느꼈습니다.

뼛속까지 한국인인 제가 뼛속까지 미국인인 남편을 만나 일상 속에서 지지고 볶고 부딪치면서 영어에 대한 이해가 더욱 깊어지고, 오랜 시간 학생들의 영어를 교정하면서 얻게 된 영어 지식들이 점점 쌓이면서, '왜 아무도 이런 것을 안 알려 주었을까'라는 답답함을 질실히 느꼈습니다. 그래서 더 많은 분들과 이런 경험과 지식들을 나누고 싶다는 열망을 오랫동안 품어 왔습니다. 그러던 차에 이번에 이런 노하우를 담은 책을 펴내게 된 것이 꿈만 같습니다.

이 책을 쓰면서 다시 한번 과기의 창피했던 순간들과 오해의 순간들이 주마등처럼 스쳐 갔지만 저의 이러한 경험들이 여러분에게는 조금이라도 도움이 되었으면 하는 마음입니다. 아울러 그동안 자신의 영어 표현이 맞는 것인지 틀린 것인지 궁금하셨던 분들의 갈증을 풀어 드릴 수 있게 되기를 바랍니다. 마지막으로 언제나 저의 모든 것을 응원해 주시고 버팀목이 되어 주시는 부모님과 사랑하는 남편, 아이들에게 고마움을 전하고 싶습니다.

감사합니다, 사랑합니다, 존경합니다.

셸리

Features
구성과 특징

Real-life 대화문

우리말로 되어 있는 실전 대화를
먼저 영어로 생각해 봅니다.

영어로 써 보기

우리말 문장을 하단의 단어 및 표현을
활용하여 영어로 직접 써 봅니다.

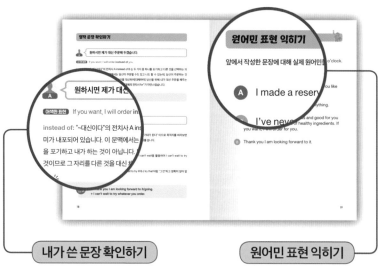

내가 쓴 문장 확인하기

내가 쓴 문장과 실제 원어민이
쓰는 표현을 비교해 봅니다.

원어민 표현 익히기

실제 원어민들이 쓰는 표현을 한 번 더 확인하고,
원어민 MP3를 들으며 복습해 볼 수 있습니다.

▶YouTube 저자 유튜브 <쓰는 영어>

저자 유튜브에 방문하면 관련 영상 및 추가 학습 콘텐츠를 확인할 수 있습니다.

<바로 쓰는 영어> MP3 듣는 방법

본문에 수록된 대화의 전문 MP3를 QR코드를 통해 모바일 페이지에서 들을 수 있고 넥서스북 홈페이지(www.nexusbook.com)에서 전체 다운로드할 수 있습니다.

스마트폰에 QR코드 리더를 설치하여
책 속의 QR코드를 인식하면
원어민 MP3를 바로 들을 수 있습니다.

MP3

Contents
목차

UNIT 01
저는 다 잘 먹습니다.

다음 대화를 보고 영어로 어떻게 표현할지 생각해 보세요.

 대화 주제 외국인에게 한국 음식을 소개하기 위해 식당 예약을 하고 음식에 대해 이야기하는 상황

 A 7시에 명가에 예약해 두었어요.

 B 한국 음식은 한 번도 먹어 보지 못했어요.
어떤가요?

 A 한국 음식은 보통 짜고 좀 매워요. 매운 음식 좋아하시나요?

 B 네, 좋아합니다. 저는 뭐든지 다 잘 먹습니다.

 A 다행이네요!
한국 음식은 건강에 좋은 식재료가 많이 들어가서 맛있고 몸에 좋아요.
원하시면 제가 대신 주문해 드릴게요.

 B 감사합니다, 기대가 되네요.

영작하기

왼쪽 페이지의 우리말 문장을 하단의 단어를 활용하여 영어로 써 보세요.

A
....

B
....

....

A
....

B
....

A
....

....

....

B
....

활용 단어 & 표현

짠 salty   매운 spicy
(음식) 재료 ingredient

영작 문장 확인하기

앞에서 작성한 문장에 대해 실제 원어민들이 쓰는 표현을 확인해 보세요.

 A 〉 7시에 명가에 예약해 두었어요.

[어색한 표현] I made a reservation **at** seven o'clock at Myeong-ga.

at: 시간과 함께 쓰이는 전치사 at은 그 시각에 발생한 동작을 이야기합니다. 예를 들어, "I left home at ten o'clock."은 '집을 떠난 행동을 한 시각이 10시'라는 뜻입니다. 따라서 7시에 먹기로 예약을 한 것이라면 전치사 for를 쓰는 것이 바른 표현입니다. 실제 회화에서 예약한 시간을 표현할 때 at을 사용하는 경우도 있지만, for와 at은 구분해서 사용해야 합니다.

• 나 7시에 알람 맞춰 놨어.   I set the alarm **for** 7. (O) - 7시로 알람을 맞춰 놨다.

　　　　　　　　　　　　I set the alarm **at** 7. (X) - 알람을 맞춘 행동을 7시에 했다.

원어민들이
쓰는 표현

★ I made a reservation for seven o'clock at Myeong-ga.
★ I made a reservation at Myeong-ga for seven o'clock.

 B 〉 한국 음식은 한 번도 먹어 보지 못했어요.

과거에서 현재까지 쭉 이어지는 경험을 이야기하는 표현이므로 현재완료형을 써야 합니다. 또한 never라는 부사 안에는 ever(항상, 언제나)의 의미가 있으므로 '늘 먹지 못했다', 즉 '한 번도 못 먹어 봤다'라는 뜻이 됩니다. 따라서 "I've never eaten/had Korean food."라고 하면 되고, '전에는'이라는 표현을 부가적으로 붙이고 싶으면 before를 함께 써도 됩니다.

원어민들이
쓰는 표현

★ I've never eaten/had Korean food (before).

B 어떤가요?

"(음식이) 어떤가요?"의 다양한 표현과 의미

1 **How is it?:** "How is 음식?" 하고 물어보면 그 음식이 좋은지 아닌지(good or not)를 질문하는 것으로, 다 먹은 사람에게 "괜찮았나요?"라고 과거형으로 물어볼 때는 "How was it?"이라고 하면 됩니다.

2 **How does it taste?:** 음식을 막 맛본 사람에게 맛있는지 없는지 물을 때 씁니다.
   (적절한 답변: 좋은데, 소금을 더 넣어야 할 것 같아.)

3 **What does it taste like?:** 알고 있는 친숙한 맛에 비교해서 물어볼 때 쓰입니다.
   (적절한 답변: 우리나라 육개장 맛이야. / 피클 같은데 좀 더 매워.)

4 **What is it like?:** 그 음식에 대한 일반적인 맛의 궁금증을 물어볼 때 사용합니다.
   (적절한 답변: 매워. / 짜. / 맛있어. / 느끼해.)

한국 음식을 먹어 본 적 없는 사람은 맛을 전혀 모르기 때문에 어떤 맛 같은지를 묻는 "What does it taste like?"나 일반적인 맛을 물어보는 "What's it like?"가 자연스럽습니다.

 원어민들이 쓰는 표현

★ What's it like? / What does it taste like?

 A 한국 음식은 보통 짜고 좀 매워요. 매운 음식 좋아하시나요?

매운 음식을 먹는 것에 대해 물어보는 다양한 표현

1 **Do you like spicy food?:** "매운 음식 좋아하세요?"라고 가장 많이 물어보는 표현입니다.

2 **Can you eat spicy food?:** 매운 음식을 먹을 수 있는지 능력 여부를 물어보는 표현입니다.

3 **Do you eat spicy food?:** 매운 음식을 먹을 수 있는지 없는지 사실을 물어볼 때 많이 씁니다.

 원어민들이 쓰는 표현

★ Korean food is usually salty and spicy. Do you like spicy food? / Can you eat spicy food? / Do you eat spicy food?

영작 문장 확인하기

> 네, 좋아합니다. 저는 뭐든지 다 잘 먹습니다.

어색한 표현 Yes, I like it. I can eat **everything**.

everything: everything은 '모든 것'을 의미하는 명사이기 때문에 아무것도 남기지 않고 다 먹을 때 사용합니다. 부모가 아이에게 "음식 남기지 말고 다 먹어라."라고 할 때 "Eat everything."이라고 하는 것처럼요. 이 문맥에서는 남기지 않고 모든 음식을 다 먹는다는 뜻이 아니라 가리지 않고 아무거나 잘 먹는다는 뜻이므로 anything을 사용해야 합니다.

비교 anything 앞에 almost를 써서 100%는 아니지만 거의 다 잘 먹는다는 느낌을 넣어도 좋습니다.

★ Yes, I like/love it. I can eat (almost) anything.

> 다행이네요!

어색한 표현 I am relieved!

I am relieved!: "I am relieved!"는 걱정되었던 일이나 문제가 해결되었을 때 사용하는 표현입니다. 이 문맥에서는 "상대방이 아무거나 잘 먹는다니 잘됐다!/좋다!"의 의미로 쓰인 표현이므로, "(That's) great! / Terrific! / Perfect!" 등으로 기쁜 마음을 표현하면 됩니다.

★ (That's) great!
★ Terrific!
★ Perfect!

14

한국 음식은 건강에 좋은 식재료가 많이 들어가서 맛있고 몸에 좋아요.

어색한 표현 Korean food is delicious and **good for your body because healthy ingredients are used a lot.**

good for your body: '몸에 좋다', '건강에 좋다'라는 표현은 보통 your body 대신 you만 써서 good for you라고 하거나 healthy라는 형용사를 씁니다.

because healthy ingredients are used a lot: 건강에 좋은 식재료가 많이 들어간다는 것은 많은 종류의 healthy ingredients가 사용된다는 것을 의미하기 때문에, many/lots of healthy ingredients are used라고 쓰면 됩니다.

그밖에 다양한 표현

1 **because it has lots of healthy ingredients:** 많은 좋은 식재료를 담고 있기 때문에
2 **because a lot of healthy ingredients go in it:** 건강에 좋은 식재료가 많이 들어가기 때문에

★ Korean food is delicious and good for you because it has lots of healthy ingredients.
★ Korean food is delicious and good for you because many healthy ingredients are used.
★ Korean food is delicious and good for you because a lot of healthy ingredients go in it.

> 원하시면 제가 대신 주문해 드릴게요.

어색한 표현 If you want, I will order **instead of** you.

instead of: '~ 대신에'라는 뜻의 전치사 instead of는 두 가지 중 하나를 포기하고 다른 것을 선택하는 의미가 내포되어 있습니다. 이 문맥에서는 당신이 포기하고 내가 주문하는 것이 아니라, 당신을 위해 대신하여[대체하여] 주문하는 것이므로, 그 자리에 다른 것을 채워 넣는 '대체의 전치사 for'가 자연스럽습니다.

★ If you want, I will order for you.

> 감사합니다, 기대가 되네요.

'기대된다'의 다양한 표현

1 **look forward to:** 빨리 음식을 먹고 싶고, 어딘가 가고 싶은 마음을 '기대가 된다'라고 하는데, 영어로는 목적지를 바라보면서 그쪽으로 가고 싶어 하는 표현인 'look forward to+(동)명사'를 씁니다.

   I am looking forward to **going**. 빨리 가고 싶어요.(가는 것이 기대돼요.)

   I am looking forward to **it**. 기대가 되네요.

2 **I can't wait to:** 직역하면 '~하는 것을 기다릴 수 없다'라는 뜻의 I can't wait을 활용하여 "I can't wait to try whatever you order.(당신이 주문한 음식이 무엇이든 빨리 먹어 보고 싶다.)"라고 표현해도 됩니다. 아직 무엇을 주문하는지 모르기 때문에 try it이나 try that처럼 목적어를 정확히 짚어 말할 수는 없습니다.

★ Thank you, I am looking forward to it/going.
★ Thank you, I can't wait to try whatever you order.

실제 원어민들이 쓰는 표현으로 이루어진 대화문을 익혀 보세요.

A I made a reservation at Myeong-ga for seven o'clock.

B I've never eaten Korean food. What's it like?

A Korean food is usually salty and spicy. Do you like spicy food?

B Yes, I like it. I can eat almost anything.

A Perfect! Korean food is delicious and good for you because it has lots of healthy ingredients. If you want, I will order for you.

B Thank you, I am looking forward to it.

UNIT 02

일본에 있을 때 젓가락 사용해 본 적 있어요.

다음 대화를 보고 영어로 어떻게 표현할지 생각해 보세요.

 대화 주제 식당에 대해 이야기하면서 한국 젓가락과 일본 젓가락의 다른 점에 대해 대화하는 상황

 A 오늘 셀리(Selley)와 지난주에 추천해 주신 그 식당에 갑니다.

 B 마음에 드실 거예요. 그 식당은 한국 전통 음식으로 유명해요.

 A 추천해 주셔서 감사해요. 너무 기대가 됩니다.

 B 젓가락질은 하실 줄 아세요?

 A 일본에 있을 때 몇 번 사용해 본 적 있어요.

 B 한국 젓가락은 일본 것과 달라요.
한국 젓가락은 스테인리스로 만들어졌고, 끝이 좀 더 두꺼워요.

 A 아, 저는 젓가락은 다 같은 줄 알았어요.
가기 전에 한국 젓가락으로 연습을 좀 해야겠네요.

영작하기

왼쪽 페이지의 우리말 문장을 하단의 단어를 활용하여 영어로 써 보세요.

Ⓐ
....

Ⓑ
....

Ⓐ
....

Ⓑ
....

Ⓐ
....

Ⓑ
....

....

Ⓐ
....

....

활용단어 & 표현

추천하다 recommend   한국 전통 음식 traditional Korean food

~가 기대되다 look forward to ~   젓가락 chopsticks

스테인리스 stainless steel

영작 문장 확인하기

앞에서 작성한 문장에 대해 실제 원어민들이 쓰는 표현을 확인해 보세요.

> **오늘 셀리와 지난주에 추천해 주신 그 식당에 갑니다.**

어색한표현 Today I **will go** to the restaurant **with Selley** (that) you recommended last week.

Today: 식사는 아침, 점심, 저녁이 구분되기 때문에 시간을 좀 더 정확하게 표현해 주는 게 일반적입니다. 특히 저녁 식사를 하는 것이라면 tonight이나 this evening으로 '오늘'을 표현해 주는 것이 좋습니다.

will go: 이미 약속을 잡았거나 예정된 미래는 will 대신 현재진행형의 형태를 종종 사용합니다. 현재진행형과 헷갈리지 않도록 tonight, tomorrow와 같은 미래 시간이 함께 쓰이거나 문맥 안에 암시되어 있습니다.

with Selley: with Selley를 that절 앞에 쓰면 마치 관계대명사 that이 Selley를 꾸며 주는 것처럼 보이기 때문에 with Selley와 to the restaurant의 위치를 바꾸어 that절과 restaurant을 붙여 줍니다.

비교 '당신이 소개해 준 바로 그 식당'임을 강조하기 위해서 the 대신에 that을 사용해도 됩니다.

> ★ Tonight I am going with Selley to the/that restaurant (that) you recommended last week.

> **마음에 드실 거예요. 그 식당은 한국 전통 음식으로 유명해요.**

어색한표현 You **would** love it. The restaurant **is famous for traditional Korean food**.

would: 말하는 사람이 그 식당이 좋다는 것을 이미 알고 있고, 상대방도 예약을 해서 갈 것이 확실하기 때문에 아주 강한 확신의 will을 써서 "진짜로, 확실히 마음에 드실 거예요."라는 뉘앙스를 주는 것이 좋습니다.

is famous for traditional Korean food: '~로 유명하다'는 것은 자신의 고유한 특색과 특징으로 유명한 것이라는 뜻이기 때문에, 뒤에 소유격과 함께 명사가 나와야 합니다.

> ★ You'll love it. The restaurant is famous for its traditional Korean food.

추천해 주셔서 감사해요. 너무 기대가 됩니다.

어색한 표현 Thanks for **recommending**, I am really **looking forward to** it.

recommending: recommend라는 동사는 목적어가 필요합니다. 따라서 목적어 it을 붙여야 합니다. 또는 "Thank you for the recommendation."이라고 명사의 형태로 '추천'을 표현해도 됩니다.

"너무 기대가 됩니다."의 다양한 표현

1   **I am looking forward to it/going:** '빨리 가서 보고 싶은 마음'을 담아 look forward to를 이용합니다. 여기서 to는 목적지를 알려 주는 전치사이므로 뒤에 (동)명사가 나오는 것에 주의하세요.

2   **I am so excited to go:** '신난다', '기대된다'라는 의미의 be excited를 써도 됩니다.

3   **I can't wait to go:** 여기서 to 뒤에는 동사를 씁니다.

★ Thanks for recommending it. I am really looking forward to it/ going.

★ Thank you for the recommendation. I am so excited to go. / I can't wait to go.

 젓가락질은 하실 줄 아세요?

"젓가락질은 하실 줄 아세요?"의 다양한 표현

1   **Do you know how to use chopsticks?:** 가장 일반적인 표현입니다.

2   **Have you ever used chopsticks before?:** "젓가락질 해 보신 적 있으신가요?"라고 물어도 됩니다.

★ Do you know how to use chopsticks?

★ Have you ever used chopsticks before?

영작 문장 확인하기

> 일본에 있을 때 몇 번 사용해 본 적 있어요.

어색한 표현 I've used them a few times when I was in Japan.

've used: 한국말로 '~한 적이 있다'라고 해서 무조건 현재완료형을 쓰면 안 됩니다. 한국말 '~한 적이 있다'라는 말은 경험을 나타낼 때 모든 상황에서 사용할 수 있지만, 영어에서 현재완료형은 뒤에 정확한 과거 시점이 나오면 사용할 수 없습니다. 이 문맥에서는 '내가 일본에 있을 때'라는 정확한 과거 시점이 나와 있기 때문에 과거에 있었던 일을 나타내는 과거시제와 함께 써야 합니다.

★ I used them a few times when I was in Japan.

> 한국 젓가락은 일본 것과 달라요.

어색한 표현 Korean chopsticks **are different with** Japanese chopsticks.

are different with: '~와 다르다'라는 표현을 할 때 전치사 with를 쓰면 안 됩니다. 영어에서 with는 '함께'라는 의미, 즉 같은 그룹, 같은 입장, 같은 위치에 있다는 뜻이므로, 다름을 표현하는 different와 함께 쓰이지 않습니다. A가 B로부터 구분되어 나오는 그림을 연상하면서 from을 사용하세요.

비교 간단하게 "Japanese chopsticks are different."라고 해도 됩니다.

★ Korean chopsticks are different from Japanese chopsticks.

한국 젓가락은 스테인리스로 만들어졌고, 끝이 좀 더 두꺼워요.

어색한 표현 They are made of stainless steel and **the end of chopsticks** are **more thicker**.

the end of chopsticks: 젓가락의 end는 뾰족한 끝과 뭉뚝한 끝 두 군데가 있기 때문에 어느 쪽의 끝을 이야기하는지 헷갈릴 수 있습니다. '뾰족한 끝'을 나타내는 명사 tip을 써서 오해가 없게 해 줍니다. 이때 of chopsticks와 같이 앞 내용과 중복되는 정보는 생략하는 것이 더 자연스럽습니다.

more thicker: 비교급의 형태는 more ~이나 -er 둘 중에 하나를 써야 합니다. thick처럼 접미어가 없고 1음절의 발음이 짧은 형용사는 -er의 형태로 비교급을 나타냅니다.

★ They are made of stainless steel and the tips are thicker.

 아, 저는 젓가락은 다 같은 줄 알았어요.

어색한 표현 Oh, I thought (that) they **are same**.

are: 생각 동사(think)는 과거에 그렇게 생각을 했던 것(thought)을 말하는 경우, 그 생각의 내용도 과거 시제로 맞춰야 합니다. 그러므로 이 문장에서 that절의 동사는 are 대신 were를 써야 합니다.

same: same은 어떤 것과 비교했을 때 '같은'이라는 뜻의 비교 형용사로, 문맥 속에서 비교하는 대상을 이미 쌍방이 이해하고 있습니다.(이 문맥에서는 다른 나라 젓가락들과 비교했을 때 같다는 뜻) 따라서 이미 알고 있는 곳에 붙이는 정관사 the와 함께 써야 합니다.

★ Oh, I thought they were the same.

영작 문장 확인하기

가기 전에 한국 젓가락으로 연습을 좀 해야겠네요.

어색한 표현 I have to practice with Korean chopsticks before we go.

have to: have to는 반드시 해야만 하는, 안 하면 불이익이 생기는 강제성을 지닌 조동사입니다. 이 문장에서는 한국 젓가락으로 연습하는 것이 강제로 할 것은 아니므로 강제성이 없는 '부드러운 의무'를 나타내는 should를 쓰는 것이 자연스럽습니다.

practice with Korean chopsticks: 이렇게만 쓰면 젓가락으로 무엇을 연습한다는 것인지 의미가 정확하지 않습니다. 따라서 using Korean chopsticks를 써서 '한국 젓가락을 사용하는 것을 연습한다'라고 말하는 것이 정확하고 자연스러운 표현입니다. practice는 목적어 자리에 동명사 형태가 온다는 것도 알아 두세요.

★ I should practice using Korean chopsticks before we go.

24

실제 원어민들이 쓰는 표현으로 이루어진 대화문을 익혀 보세요.

A   Tonight I am going with Selley to the restaurant that you recommended last week.

B   You'll love it. The restaurant is famous for its traditional Korean food.

A   Thanks for recommending it. I am really looking forward to it.

B   Do you know how to use chopsticks?

A   I used them a few times when I was in Japan.

B   Korean chopsticks are different from Japanese chopsticks. They are made of stainless steel and the tips are thicker.

A   Oh, I thought they were the same. I should practice using Korean chopsticks before we go.

UNIT 03

컨디션이 안 좋아요.

다음 대화를 보고 영어로 어떻게 표현할지 생각해 보세요.

 대화 주제 요즘 들어 부쩍 힘이 없어 보이는 친구와의 대화

 요즘 컨디션이 별로 안 좋아요.

 어디가 안 좋으세요?

 쉽게 피곤하고 힘이 하나도 없어요.
병원에 가 봐도 아무 이상 없다고 하고요.

 환절기 때문에 그런 것은 아닐까요?
운동은 하세요?

 했었는데 헬스장에 못 간 지 꽤 됐어요.
그래서 그런 걸까요?

 저는 운동을 시작하고 예전보다 에너지가 더 생겼어요.

영작하기

왼쪽 페이지의 우리말 문장을 하단의 단어를 활용하여 영어로 써 보세요.

A

....

B

....

A

....

....

B

....

....

A

....

....

B

....

....

활용 단어 & 표현

환절기 the change of seasons   헬스장 gym
한동안, 꽤 a while

영작 문장 확인하기

앞에서 작성한 문장에 대해 실제 원어민들이 쓰는 표현을 확인해 보세요.

요즘 컨디션이 별로 안 좋아요.

어색한표현 My condition is not good these days.

My condition: condition은 영어에서 보통 '물건의 상태'나 '환자의 차도'를 나타낼 때 씁니다. 우리가 흔히 말하는 '몸의 컨디션이 안 좋다'라고 하려면 영어로 I don't feel well/good으로 표현하면 됩니다.

is not good: 현재형을 쓰면 항상, 늘 그런 상태가 지속된다는 의미를 나타냅니다. 이 문맥에서는 말하는 사람의 몸이 늘 안 좋은 것이 아니라, 요즘 안 좋은 상태가 지속되는 것이므로 현재완료진행형을 쓰는 것이 좋습니다.

★ I haven't been feeling well/good these days.

어디가 안 좋으세요?

어색한표현 Where are you sick?

Where are you sick?: 영어와 한국어의 표현의 차이입니다. 영어에서는 "어디가 아픈가요?"라는 질문에 where를 쓰지 않습니다. "뭐가 문제인가요?", "뭐가 잘못됐나요?"라는 의미로 "What's the matter?"이나 "What's wrong?"이라고 써야 합니다.

주의할점

What's the matter나 What's wrong 뒤에 with you?를 붙여 쓰면 "넌 뭐가 문제야?", "너 도대체 왜 그래?"처럼 따지는 어감으로 들리기 때문에 주의하세요.

★ What's the matter?
★ What's wrong?

쉽게 피곤하고 힘이 하나도 없어요.

어색한 표현 I **am tired** easily, and I don't have any **power**.

am tired: be tired는 현재 피곤한 상태를 나타내는 표현입니다. 지금 피곤한 상태가 아니라 쉽게 피곤
해지는 변화를 나타내는 경우 be동사 대신 변화의 의미가 내포되어 있는 get을 써야 합니다.

power: power는 '어떤 것에 변화를 가져오는 힘이나 능력' 등을 나타냅니다. '어떤 일을 수행해 내는 물리
적, 정신적인 힘'은 strength를 쓰며, '어떤 일을 해내는 원동력이 되는 힘'의 의미로 energy를 써도 됩니다.

★ I **get** tired easily, and I don't have any **strength/energy**.

병원에 가 봐도 아무 이상 없다고 하고요.

어색한 표현 I **went to a clinic**, but they said nothing is wrong.

I went to a clinic: 미국에서는 사람마다 담당 의사가 있는 경우가 보통이므로 병원에 가는 것을 '내 의
사를 만난다'라고 표현합니다. hospital은 종합병원을 의미하므로 큰 수술이나 중병의 치료를 받을 때 가는
곳이고 clinic은 보통 내 담당 의사가 보지 않는 특정 진료(임신 관련, 건강검진 등)를 볼 때 가는 병원입니
다. 따라서 '내 담당 의사가 아무 이상이 없다고 했다' 정도로 표현하는 것이 자연스럽습니다.

주의할점

영어에서는 말을 전달할 때 '시제 일치'라는 규칙이 적용됩니다. 주절에 said라고 과거시제가 쓰였기 때문
에 nothing was wrong이라고 시제를 맞춰야 하지만 실제 회화에서는 과거에 들은 내용이 현재에도 유
효한 경우, 현재시제를 쓰기도 합니다.

★ My **doctor** said (that) nothing **is/was** wrong.

> 환절기 때문에 그런 것은 아닐까요?

어색한표현 **Don't you think** (that) it's because of the change of seasons?

Don't you think: 한국말로 '~한 것이 아닐까요?'라고 해서 "Don't you think ~?"라고 물어보면 내 생각을 제안해 보는 것이 아니라, 내 생각이 맞다고 생각하며 상대방의 동의를 구하는 의미가 됩니다. 나의 추측을 제안해 볼 때는 "Do you think ~?"를 사용하세요.

★ Do you think (that) it's because of the change of seasons?

> 운동은 하세요?

어색한표현 Are you exercising?

Are you exercising?: 현재진행형은 현재에 진행 중인, 일시적으로 일어나는 일에 주로 쓰입니다. 평소에 운동을 하는지 안 하는지를 물어볼 때는 현재시제를 사용합니다.

★ Do you exercise?

했었는데 헬스장에 못 간 지 꽤 됐어요.

I **did**, but I **couldn't go** to the gym for a while.

did: 과거에 일시적으로 한 행동이 아니라 예전에 규칙적으로 쭉 했었던 일을 표현할 때는 used to V를 사용합니다. 이 문장에서는 앞에서 운동에 대해 이야기하는 중이었으므로 '운동하다'라는 단어를 생략하고 I used to만 써도 됩니다.

couldn't go: couldn't go를 쓰면 과거에 못했던 사실만 의미하게 됩니다. 한동안 가지 못한 상태가 지속되고 있을 때는 현재완료형을 쓰는 것이 좋습니다. 현재완료에는 조동사 can을 쓸 수 없으므로 be able to로 바꿔서 써야 합니다.

★ I used to, but I haven't been able to go to the gym for a while.

 그래서 그런 걸까요?

운동을 <u>그만 둔 것</u>이 이유라고 생각하는지 묻는 것은 "Do you think that is the reason?"이라고 씁니
<u>그것 (it/ that)</u>
다. 여기서 "그것이 이유가 될까요?"라고 추측의 의미를 추가할 때는 추측의 조동사 might나 could를 함께 쓰면 좋습니다.

★ Do you think that might/could be the reason?

저는 운동을 시작하고 예전보다 에너지가 더 생겼어요.

운동을 시작한 과거의 그 시점부터 현재까지 더 많은 에너지가 생긴 상태가 지속된 것이므로, 'since ~, 현재완료형'을 사용해서 과거의 한 시점부터 그 동작이나 상태가 현재까지 쭉 이어져 왔음을 표현할 수 있습니다.

★ Since I started exercising, I've had more energy than before.

실제 원어민들이 쓰는 표현으로 이루어진 대화문을 익혀 보세요.

A I haven't been feeling well these days.

B What's wrong?

A I get tired easily, and I don't have any energy.
My doctor said nothing is wrong.

B Do you think that it's because of the change of
seasons? Do you exercise?

A I used to, but I haven't been able to go to the gym for
a while. Do you think that could be the reason?

B Since I started exercising, I've had more energy than
before.

UNIT 04

시끄러울까 봐 걱정돼요.

다음 대화를 보고 영어로 어떻게 표현할지 생각해 보세요.

 대화 주제 미세먼지와 층간 소음으로 인해 운동을 포기한 동료에게 집에서의 운동을 권유하는 상황

 A 저 요즘에 운동하고 있는데 너무 좋아요.

 B 저는 미세먼지 때문에 운동하던 것을 그만뒀어요.

 A 저는 그냥 공기청정기를 켜 놓고 집에서 운동해요.

 B 미세먼지는 그냥 핑계일 뿐이죠.
이웃집에 시끄러울까 봐 걱정돼요.

 A 층간 소음 없이 운동하는 방법들이 많아요.
어떻게 하는지 보여 주는 유튜브 영상을 한번 보세요.
하루에 30분이면 충분해요.

 B 고마워요. 운동을 시작해야겠다는 마음이 확 생기게 해 주셨어요.

영작하기

왼쪽 페이지의 우리말 문장을 하단의 단어를 활용하여 영어로 써 보세요.

A

B

A

B

A

B

활용 단어 & 표현

운동하다 exercise (건강해지려고 하는 모든 운동) / work out (근육량을 키우기 위한 근육 운동)

미세먼지 dirty air   공기청정기 air purifier

핑계 excuse

앞에서 작성한 문장에 대해 실제 원어민들이 쓰는 표현을 확인해 보세요.

 저 요즘에 운동하고 있는데 너무 좋아요.

어색한 표현 I **exercise** these days and I love it.

exercise: 영어에서 현재시제는 늘 하는 정기적이고 반복적인 일에 쓰입니다. 이 문맥에서는 '요즘에'라는 부사를 써서 요즘 운동을 쭉 해 오니까 너무 좋다는 뜻이므로, 과거에 시작해서 지금도 계속 하고 있음을 나타내는 현재완료진행형을 쓰는 것이 좋습니다.

 ★ I've been exercising these days and I love it.

 저는 미세먼지 때문에 운동하던 것을 그만뒀어요.

어색한 표현 I quit **to exercise** because of **dirty air**.

to exercise: quit은 동작이 목적어로 나오면 동명사의 형태로만 쓸 수 있습니다. 그래서 exercising이라고 하는 것이 맞습니다.

dirty air: 원어민들은 미세먼지로 공기 질이 안 좋은 상황을 dirty air나 air pollution(대기 오염)으로 표현합니다. 일반적인 미세먼지가 아니라 지금 한국에 있는, 우리를 괴롭히고 있는 그 미세먼지를 이야기하는 것이므로 정관사 the를 붙여 주세요.

 ★ I quit exercising because of the dirty air.

A 저는 그냥 공기청정기를 켜 놓고 집에서 운동해요.

I just exercise at home **while the air purifier is on**.

while the air purifier is on: while은 '~하는 동안'이라는 의미의 접속사로, 마치 공기청정기가 켜져 있는 동안에만 운동하는 것처럼 보입니다. '공기청정기를 켜 놓은 채로'라는 의미는 '그러한 상황을 가지고 서', '수반하고서'라는 뜻의 수반의 전치사 with를 씁니다. 또한 '공기청정기를 켜 놓고'라는 것은 켜는 동작 (turn on)을 말하는 것이 아니라 켜 놓은 상태(on)를 뜻하므로 on만 쓰면 됩니다.

★ **I just exercise at home with the air purifier on.**

 B 미세먼지는 그냥 핑계일 뿐이죠.

The dirty air is just excuse.

The dirty air: 미세먼지 자체가 핑계라는 말이지, 한국에 있는 그 미세먼지만 핑계가 되는 것이 아니므 로 정관사 the 없이 쓰는 것이 좋습니다.

just excuse: 핑계(excuse)는 셀 수 있는 명사입니다. 부정관사 an을 잊지 마세요.

★ **Dirty air is just an excuse.**

영작 문장 확인하기

> 이웃집에 시끄러울까 봐 걱정돼요.

어색한 표현 I worry because my neighbors are noisy.

worry: 영어에서 worry는 '특별한 계기가 없어도 늘 하는 걱정'을 말할 때 쓰고, '어떤 일이 발생하여 그것에 대해 걱정할 때'는 be worried를 씁니다. 이 문맥에서는 운동을 할 때 이웃집에 민폐가 될까 봐 걱정을 하는 것이므로 be worried를 씁니다.

because: 무엇에 대해 걱정하는지를 말할 때는 that절 혹은 because절로 쓸 수 있는데, because는 '이미 그 원인이 존재하는 상황'에서 사용하고, 아직 일어나지 않았지만 '~할까 봐' 걱정을 할 때는 that절을 씁니다.

> I am worried **because** the taxi hasn't arrived. 택시가 아직도 도착을 안 해서 걱정이다. (택시가 늦는 상황이 이미 벌어짐)
>
> I am worried **(that)** it could upset him. 그를 화나게 할까 봐 걱정이야. (아직 화가 나지 않은 상태)

my neighbors are noisy: my neighbors are noisy라고 하면 '이웃이 시끄럽다/소란스럽다'라는 뜻이 됩니다. '이웃집에 시끄러울까 봐 걱정이다'라는 것은 그 소음이 이웃을 괴롭히는 것을 의미하므로, the noise might bother the neighbors라고 해야 합니다.

★ I am worried that the noise might bother my neighbors.

> 층간 소음 없이 운동하는 방법들이 많아요.

어색한 표현 There are many ways to exercise **without apartment noise**.

without apartment noise: 층간 소음은 apartment noise라고 하지 않고 그냥 noise로 많이 씁니다. '층간 소음 없이 운동하는 법'은 정확히 말하면 '층간 소음을 발생시키지 않고 운동하는 법'을 의미하므로 '발생시키다'라는 동사 make를 써서 without making any noise라고 쓰는 것이 자연스럽습니다.

★ There are many ways to exercise without making any noise.

어떻게 하는지 보여주는 유튜브 영상을 한번 보세요.

[어색한표현] **Watch YouTube videos** that show you **how to do it**.

Watch YouTube videos: 명령어의 형태는 상대방에게 지시를 하는 뉘앙스를 줍니다. '그런 영상들을 많이 찾아볼 수 있다' 정도의 간접적인 표현으로 You can find YouTube videos라고 부드럽게 말하는 게 자연스럽습니다.

how to do it: 무엇을 어떻게 하는지 문맥상 뻔하므로 to do it을 생략하고 how만 쓰는 것이 자연스럽습니다.

 ★ You can find YouTube videos that show you how.

 하루에 30분이면 충분해요.

[어색한표현] **Thirty minutes are** enough per day.

Thirty minutes: 영어는 의미상 끈끈한 것끼리 붙여 줍니다. 의미상 '하루'와 '30분'이 더 가까우므로 Thirty minutes와 a[per] day를 붙여서 쓰세요. 실제 회화에서는 per보다는 a를 더 많이 쓴다는 것도 알아 두세요.

are: 시간의 길이나 돈의 액수 같은 것은 minutes, dollars 하고 복수형으로 써도 하나의 덩어리로 보기 때문에 단수 취급을 합니다.

 ★ Thirty minutes a day is enough.

고마워요. 운동을 시작해야겠다는 마음이 확 생기게 해 주셨어요.

당신이 운동을 시작해야겠다는 마음이 생기도록 해 준 것이므로 "I am motivated to start exercising."
처럼 나의 상태만 표현하는 것보다, 주어를 you로 써서 "You have me motivated to start exercising.
(당신이 운동을 시작하고 싶은 마음이 들게 해 주었다.)"라고 쓰는 것이 더 자연스럽습니다.

이런 상황을 가지게 했다
You have [me motivated to start exercising.]
내가 운동을 시작하고 싶은 마음이 든 상태

★ Thank you. You have me motivated to start exercising.

실제 원어민들이 쓰는 표현으로 이루어진 대화문을 익혀 보세요.

A I've been exercising these days and I love it.

B I quit exercising because of the dirty air.

A I just exercise at home with the air purifier on.

B Dirty air is just an excuse. I am worried that the noise might bother my neighbors.

A There are many ways to exercise without making any noise. You can find YouTube videos that show you how. Thirty minutes a day is enough.

B Thank you. You have me motivated to start exercising.

UNIT 05
갑자기 그렇게 됐어.

다음 대화를 보고 영어로 어떻게 표현할지 생각해 보세요.

대화 주제 갑자기 미국으로 돌아가게 된 친구에게 위로의 말을 건네는 상황

 A
어떻게 지냈어?
너 미국으로 돌아간다는 얘기 들었어.

 B
일이 갑자기 그렇게 됐어.
아직도 믿기지가 않아.
한국에서 더 오래 있을 수 있기를 바랐는데.

 A
내가 뭐 도울 일이라도 있을까?

 B
괜찮아. 말이라도 고마워.

 A
혹시라도 필요한 거 생기면 알려 줘.
일이 다 잘 풀렸으면 좋겠다.

영작하기

왼쪽 페이지의 우리말 문장을 하단의 단어를 활용하여 영어로 써 보세요.

Ⓐ
....
....

Ⓑ
....
....

Ⓐ
....

Ⓑ
....

Ⓐ
....
....

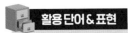 **활용 단어 & 표현**

돌아가다 go back   아직도 still

영작 문장 확인하기

앞에서 작성한 문장에 대해 실제 원어민들이 쓰는 표현을 확인해 보세요.

 어떻게 지냈어?

어색한표현 How are you?

How are you?: 단순히 안부를 물어보는 상황이 아니라 상대방에게 힘든 일이 있다는 것을 알고 묻는 안부는 "그동안 어떻게 지냈니?", "지금 어떻게 지내고 있는 거야?"라는 의미로 "How have you been?" 이나 "How are you doing?"이라고 물어보는 게 좋습니다.

★ How have you been?
★ How are you doing?

 너 미국으로 돌아간다는 얘기 들었어.

어색한표현 I heard you **go** back to the U.S.

go: 지각동사의 문장 구조를 공부했다면 <see/hear+목적어+동사원형>을 떠올릴 수도 있지만, 이 문장 구조는 현장에서 직접 보거나 들었을 때 사용합니다.

I **heard** you hit the door. 네가 문 두드리는 소리를 들었어.
현장에서 문 두드리는 소리를 직접 들음

어디선가, 누군가에게 전해 들은 것을 말할 때는 that절을 사용하여 들은 내용을 붙여 주면 됩니다.

★ I heard (that) you are going back to the U.S.

44

B 일이 갑자기 그렇게 됐어.

뜻하지 않은 일이 갑작스럽게 발생했을 때는 '우발적으로', '우연히' 발생한 일에 쓰이는 동사 happen을 사용합니다. '빠르게' 그 일이 일어났다는 의미로 fast라는 부사를 쓸 수도 있고, '갑자기' 일이 일어났다는 뜻으로 suddenly를 쓸 수도 있습니다.

★ It all happened so fast/suddenly.
★ Things happened so fast/suddenly.
★ Everything happened so fast/suddenly.

 B 아직도 믿기지가 않아.

간단하게 "I still can't believe it."이라고 할 수도 있지만, '어떤 상황인지 파악하다'라는 표현은 wrap my head around something이라고 합니다. "I am still trying to wrap my head around it.(이 상황을 이해하려고 아직도 노력 중이다.)"이라고 하면 '아직도 납득이 잘 안 된다, 믿기지 않는다'라는 뜻으로 쓸 수 있습니다.

★ I still can't believe it.
★ I am still trying to wrap my head around it.

B 한국에서 더 오래 있을 수 있기를 바랐는데.

어색한 표현 I **wished** that I **can** stay in Korea longer.

wished: 안 되는 줄 알면서 현실과 반대인 것을 바랄 때는 wish를 씁니다. 따라서 한국에 더 오래 있을 수 없는 상황인 이 문맥에서 wish를 사용하는 것은 맞으나, 지금 현재에도 그런 바람을 가지고 있는 상태 이므로 현재시제로 wish를 써야 합니다.

can: 실제로 일어날 가능성이 낮은 상황을 표현하는 것이므로 could로 써야 합니다.

원어민들이 쓰는 표현

★ I wish (that) I could stay in Korea longer.

 A 내가 뭐 도울 일이라도 있을까?

어색한 표현 Do you need help?

Do you need help?: 보통 이 표현은 상대방이 어떤 도움이 필요한지 뻔히 보이거나 알고 있을 때 사용 합니다. 무거운 짐을 들고 가는 친구를 보면서 쓸 수 있는 표현이죠. 뭐라도 도와주고 싶은 마음을 전달하 는 표현으로는 "Is there anything I can do (for you)?", "Is there anything you need?" 등이 있습 니다.

원어민들이 쓰는 표현

★ Is there anything I can do (for you)?
★ Is there anything you need?

B 괜찮아. 말이라도 고마워.

I'm okay: 호의를 거절할 때 영어로 "No, thank you."라는 표현을 배웠는데, 실제 대화에서는 너무 직설적이라 잘 쓰지 않는 표현입니다. 대신 "I am fine."이나 "I am okay."라고 하고, thank you를 덧붙여 말하는 것이 자연스럽습니다.

Thank you for asking: 한국말의 "말만이라도 고마워."라는 표현을 영어로 "Thank you for saying that."으로 생각할 수도 있지만, 도움이 필요하냐고 물어봐 준 것이기 때문에 "Thank you for asking. (물어봐 줘서 고마워.)"의 표현이 더 자연스럽습니다.

원어민들이 쓰는 표현

★ **I'm okay. Thank you for asking.**

A 혹시라도 필요한 기 생기면 알려 줘.

어색한 표현 Tell me if there is anything you need.

Tell me: 지금은 괜찮다고 했지만 나중에라도 생각나면 알려 달라는 뜻이므로 바뀐 정보, 변경 사항에 대해 알려 달라고 할 때 사용하는 Let me know가 자연스럽습니다.

"혹시라도 필요한 거 생기면 알려 줘"의 다양한 표현

1 **Let me know if there is anything I can do for you.** 내가 할 수 있는 것이 생긴다면 알려 줘.

2 **Don't hesitate to ask (me) if you need any help.** 도움이 필요하면 주저하지 말고 부탁해.

원어민들이 쓰는 표현

★ Let me know if there is anything you need.
★ Let me know if there is anything I can do for you.
★ Don't hesitate to ask (me) if you need any help.

영작 문장 확인하기

 A 일이 다 잘 풀렸으면 좋겠다.

어색한표현 I hope everything **will go** well.

will go: 정말로 그렇게 되기를 바라는 마음을 전달하는 hope는 '미래에 일어날 일을 바란다'는 의미가 내포되어 있으므로 that절 뒤에 will을 또 쓰기보다는 종종 현재시제를 사용합니다.

 ★ I hope (that) everything goes well.

48

실제 원어민들이 쓰는 표현으로 이루어진 대화문을 익혀 보세요.

A How have you been? I heard that you are going back to the U.S.

B Things happened so suddenly. I still can't believe it. I wish that I could stay in Korea longer.

A Is there anything you need?

B I'm okay. Thank you for asking.

A Let me know if there is anything you need. I hope that everything goes well.

UNIT 06

시간되면 한번 놀러 와.

다음 대화를 보고 영어로 어떻게 표현할지 생각해 보세요.

 대화 주제
미국으로 떠난 외국인 친구에게 미국 생활에 대해
물어보는 대화

 A
미국에 가니까 좋아?

 B
공기가 깨끗한 것은 좋은데,
친구들 만나서 수다 떨던 게 너무 그리워.
시간되면 한번 놀러 와.
여기 등산로 엄청 좋아할 거야.

 A
나도 그러고 싶은데, 요즘 일 때문에 너무 바빠.
시간 되면 한번 놀러 갈게.

 B
그러면 좋겠다.
너무 무리하지 말고 너를 위한 시간도 좀 가져.

왼쪽 페이지의 우리말 문장을 하단의 단어를 활용하여 영어로 써 보세요.

Ⓐ

Ⓑ

Ⓐ

Ⓑ

활용 단어 & 표현

등산로 hiking trail

영작 문장 확인하기

앞에서 작성한 문장에 대해 실제 원어민들이 쓰는 표현을 확인해 보세요.

 미국에 가니까 좋아?

어색한 표현 Are you happy to go to the U.S.?

Are you happy to go to the U.S.?: 이 문장은 미국으로 떠나기 전에 "미국에 가게 되니까 좋아?"라는 뜻입니다. 실제로 가서 살고 있는 사람에게는 "How do you like living in America?"나 "How do you like America?"라고 물어보면 됩니다.

---

the U.S. vs America

서면에서는 보통 미국을 the U.S.(A).라고 써서 '대륙으로서의 America'와 '나라로서의 미국'을 구분하지만, 실제 회화에서는 미국을 America라고 지칭합니다.

★ How do you like living in America?
★ How do you like America?

 공기가 깨끗한 것은 좋은데,

'깨끗한 공기가 좋다'라고 하여 간단하게 I like the clean air라고 써도 되고, '공기가 깨끗한 것이 좋다'라고 하여 like 뒤에 that절로 the air is clean을 붙여도 괜찮습니다.

정관사 the의 사용

보편적인 공기가 아니라 '미국에 있는 그 공기'를 말하는 것이므로 정관사 the를 꼭 쓰세요.

★ I like the clean air, but
★ I like (that) the air is clean, but

B 친구들 만나서 수다 떨던 게 너무 그리워.

어색한표현 I miss to meet my friends and talked with them.

miss to V: '그립다'라는 동사 miss는 동작을 목적어로 받을 때 동명사의 형태만 쓸 수 있습니다.
meet my friends and talked with them: 영어와 한국어의 표현 차이입니다. 한국말로 '만나서 수다를 떨었다'를 영어로는 '함께 시간을 보냈다'나 '어울려 놀았다'라고 표현합니다. 그래서 spending time with나 hanging out with로 말하면 됩니다. '친구'는 my friends라고 표현해도 되고, 간단하게 그냥 friends라고 해도 됩니다.

★ I miss spending time with (my) friends.
★ I miss hanging out with (my) friends.

B 시간되면 한번 놀러 와.

어색한표현 When you are **available**, **visit** me.

available: '시간이 되는'이라는 뜻의 available은 formal한 상황에서 많이 쓰이는 표현입니다. 친구끼리나 casual한 상황에서는 if you have time이라고 쓰면 됩니다.
visit: '한번 놀러 와'라는 뉘앙스로는 visit만 쓰지 않고 come visit라는 굳어진 표현으로 쓰입니다.

★ When/If you have time, come visit me.

> 여기 등산로 엄청 좋아할 거야.

어색한 표현 You **will** love **the hiking trail here**.

will: 상대방이 실제로 미국에 올 계획이 잡혀 있는 상태가 아니므로, 실제 일어날 일이라고 믿고 얘기하는 will보다는 '오게 된다면 좋아할 거다'라는 추측의 뉘앙스로 would를 써야 합니다.

the hiking trail here: 통화하는 사람이 어디에서 말하고 있는지 모르므로, 그냥 '여기 등산로'라고만 하면 정확히 어디인지 알 수가 없습니다. '우리 동네 등산로'나 '내가 사는 곳 근처 등산로'처럼 좀 더 정확하게 짚어서 말해야 합니다.

★ You would love the hiking trail in my neighborhood.
★ You would love the hiking trail near where I live.

> 나도 그러고 싶은데, 요즘 일 때문에 너무 바빠.

어색한 표현 I **want to**, but I am so **busy because of** work these days.

I want to: 지금 당장 갈 수 있는 현실이 아니므로, 하고는 싶지만 할 수가 없을 때 쓰는 동사 wish를 사용하세요. that절에는 could를 써서 일어날 가능성이 낮다는 것을 표시합니다. 문맥상 '나도 미국에 가고 싶다'라는 뜻이 뻔하므로 I wish I could까지만 써도 됩니다.

busy because of: '~ 때문에 바쁘다'라는 표현은 because of 대신 수반의 전치사 with를 써서 '어떤 일이나 상황을 가지게 되어 바쁘다'라고 표현합니다.

★ I wish I could, but I am so busy with work these days.

A 시간 되면 한번 놀러 갈게.

'시간이 되면'의 다양한 표현

1 **If I have (the) time:** '그럴 시간이 되면'이라고 시간을 짚어서 표현하고 싶으면 time 앞에 the를 써도 됩니다.

2 **If I find (the) time:** '그럴 틈/시간이 있으면' 정도의 어감이 됩니다.

3 **If I have free time:** '자유 시간, 여가 시간이 생기면'이라는 뜻입니다.

★ If I have/find (the) time, I will come visit you.

 B 그러면 좋겠다.

그런 상황이 생기면 좋겠지만 정말로 그런 일이 생길 가능성이 낮으므로 will 대신 would를 써서 가능성을 낮음을 암시할 수 있습니다. '정말로 그랬으면 좋겠다'라는 강조의 의미로 really를 넣어 줘도 좋습니다.

★ I'd (really) like that.

> 너무 무리하지 말고 너를 위한 시간도 좀 가져.

문화에 따른 언어적 표현 방식

한국 문화에서는 가까운 사이일수록 상대를 걱정하고 조언을 해 주는 경우가 많습니다. 하지만 영어권 문화에서는 가족이 아닌 이상 아무리 가까운 친구 사이라 하더라도 "너무 무리하지 마라.(Don't overwork yourself.)", "너를 위한 시간도 좀 가져라.(Take time for yourself.)"와 같은 걱정이나 조언의 표현은 잘 하지 않습니다. 한국 문화에서는 걱정으로 하는 말이지만, 영어권 문화에서는 '~해라 마라(telling them what to do)'라는 태도로 오해 받을 수 있으니 주의하세요.

원어민들이 쓰는 표현

이 표현은 영어로는 말하지 않는 것이 문화적인 관점에서 더 적합합니다.

실제 원어민들이 쓰는 표현으로 이루어진 대화문을 익혀 보세요.

A How do you like living in America?

B I like the clean air, but I miss spending time with my friends. If you have time, come visit me.
You would love the hiking trail in my neighborhood.

A I wish I could, but I am so busy with work these days. If I have time, I will come visit you.

B I'd like that.

UNIT 07

'오징어 게임' 들어 봤어?

다음 대화를 보고 영어로 어떻게 표현할지 생각해 보세요.

 대화 주제   '오징어 게임'이라는 TV 프로그램을 아직 보지 못한 친구에게 한번 보라고 권유하는 상황

 A
'오징어 게임' 들어 봤어?
진짜 재미있어.
나 정주행 중이야.

 B
미국 사람들에게 엄청 인기 있나 보더라.
나는 애들 때문에 너무 바빠서 볼 수가 없어.

 A
아이들 재운 후에 한번 봐 봐.

 B
저녁에는 너무 피곤해서 아이들이랑 같이 잠들거든.

 A
안타깝다. 네가 정말 좋아할 텐데.

 B
아마 주말 동안 볼 수 있을 것 같아.

영작하기

왼쪽 페이지의 우리말 문장을 하단의 단어를 활용하여 영어로 써 보세요.

A

B

A

B

A

B

활용 단어 & 표현

오징어 게임 Squid Game　　　　　　　　정주행으로 보다, 몰아 보다 binge-watch

영작 문장 확인하기

앞에서 작성한 문장에 대해 실제 원어민들이 쓰는 표현을 확인해 보세요.

 '오징어 게임' 들어 봤어?

어색한 표현 Did you hear about *Squid Game*?

Did you hear: 단순한 과거 사실을 언급하는 것이 아니라, 과거의 경험이 현재에 의미를 가지는 경우에는 현재완료형을 씁니다. 들어 본 적이 있어서 지금 그것에 대해 알고 있는지를 물어보는 문장이므로 현재완료형을 쓰세요. 아주 informal한 상황에서 "Did you hear ~?"라고 쓰는 원어민도 있지만, 올바른 쓰임은 아니므로 영어를 배우고 있는 우리는 "Have you heard ~?"로 알아 두어야 합니다.

about: "Have you heard about something?"이라는 문장은 어떤 뜻하지 않은 일이 발생한 상황에서 "너 그 소식에 대해 들었어?"라고 상대에게 알려 줄 때 사용하는 문장입니다. "~에 대해 들어 본 적 있니?"라는 경험에 대한 질문은 "Have you heard of ~?"라고 쓰는 것이 자연스럽습니다.

 ★ **Have you heard of *Squid Game*?**

 진짜 재미있어.

어색한 표현 It is really **fun**.

fun: be fun은 '(특정 행동이나 경험이) 재미있다'라는 뜻의 표현입니다. TV나 영화를 보는 것은 특정 행동을 하는 것이 아니라 가만히 앉아서 시청하는 것이기 때문에 fun이라는 단어를 잘 쓰지 않습니다. TV show나 영화 같은 것이 '재미있다'라고 할 때는 interesting이나 good으로 표현해 주세요.

 ★ **It is very interesting.**
★ **It is really good.**

A 나 정주행 중이야.

'TV 드라마를 한꺼번에 쭉 보다'라는 표현은 폭음, 폭식을 나타내는 단어 binge를 동사 watch 앞에 붙여 binge-watch라고 합니다.

 원어민들이 쓰는 표현

★ I am binge-watching it.

 B 미국 사람들에게 엄청 인기 있나 보더라.

어색한표현 It **looks** very **popular to** Americans.

looks: look은 '~인 것 같다'라고 종종 해석되지만, 이 동사는 '시각적인 감각'을 나타내는 표현이므로 실제로 눈에 그렇게 보일 때만 쓸 수 있습니다. 따라서 정황상 '~인 것 같다'라고 할 때는 seem을 씁니다.

popular to: 한국말로는 '~에게 인기가 많은'이라고 말하는데, 영어로는 '~ 사이에서 인기가 많다'라고 표현하므로 전치사 among이나 with를 씁니다.

 원어민들이 쓰는 표현

★ It seems to be very popular among/with Americans.

> 나는 애들 때문에 너무 바빠서 볼 수가 없어.

'너무 ~해서 …하다'라는 뜻의 다양한 표현

1 so ~ that …: '너무 ~한 상태여서 …한 결과'가 생겼을 때 쓰는 형태로, "I am so busy with my kids that I can't watch it."이라고 씁니다. '너무 바빠서 볼 수 없는 상황이 계속되고 있다'라는 의미를 표현하려면 현재완료형을 이용하여 "I am so busy (that) I haven't been able to watch it."이라고 써도 됩니다.

2 too ~ to …: '…을 하기에는 너무 ~한 상태'라는 뜻으로, '부정의 결과'를 나타낼 때 많이 쓰입니다.

> ★ I am so busy with my kids that I can't watch it.
> ★ I am so busy with my kids that I haven't been able to watch it.
> ★ I am too busy with my kids to watch it.

> 아이들 재운 후에 한번 봐 봐.

어색한 표현 Watch it after you **make them sleep.**

watch it: 아이디어를 제안하는 의미이므로 why don't you를 이용해서 표현하는 것이 자연스럽습니다.

make them sleep: make them sleep은 '강압적으로 재운다'라는 뜻으로 make 대신 put이 자연스럽습니다. put them to sleep은 아이가 잠들 때까지 옆에 있어 주는 것을 뜻하고, 좀 더 큰 아이들이 취침 시간에 잠자리에 들도록 하는 것은 put them to bed라고 합니다.

자연스러운 표현을 위한 꿀팁

after는 접속사이자 전치사로, after 뒤에 문장 또는 명사가 모두 올 수 있습니다. 따라서 after절의 주어와 주절의 주어가 동일할 경우, after 뒤에 문장 대신 동명사를 써서 주어를 생략할 수 있습니다.

I called him after I got off the bus. → I called him after getting off the bus.
주절의 주어와 after절의 주어가 동일   after 뒤에 동명사를 써서 주어의 중복 사용 방지

> ★ Why don't you watch it after you put them to sleep?
> ★ Why don't you watch it after putting them to bed?

B 저녁에는 너무 피곤해서 아이들이랑 같이 잠들거든.

어색한 표현 I am so tired in the evening that **I sleep with my kids.**

I sleep with my kids: sleep with ~나 go to bed with ~는 '같은 침대에 누워 잔다'는 뜻으로 해석됩니다. '같은 시간에 잠자리에 든다'라는 표현은 at the same time을 사용해야 합니다. 여기서 주의할 점은, same은 '~와 같이'라고 할 때 전치사 with가 아닌 as와 함께 쓴다는 것입니다.

★ **I am so tired in the evening that I go to bed at the same time as my kids.**

A 안타깝다. 네가 정말 좋아할 텐데.

어색한 표현 **I am sorry to hear that.** You **will** like it.

I am sorry to hear that: 시간이 없어 TV를 볼 수 없는 것은 I am sorry to hear that을 쓸 만큼 심각한 상황이 아닙니다. 지갑을 잃어버렸다거나, 어디를 다치게 되었다는 일에 더 어울립니다. 여기서는 좀 더 casual하게 "(That's) too bad."를 사용하세요.

will: will은 진짜로 일어날 일에 사용하는 조동사로, 상대방이 실제로 볼지 안 볼지 알 수 없을 때 쓰기에는 너무 강한 표현입니다. '네가 본다면 좋아할 것이다'라는 추측으로 말할 때는 would를 사용하세요.

★ **That's too bad. You would like it.**

아마 주말 동안 볼 수 있을 것 같아.

어색한 표현 Maybe I can watch it **during** the weekend.

during: 보통 during the weekend보다는 over the weekend를 쓰는 것이 더 자연스럽습니다. during은 기간보다는 event와 함께 사용됩니다.

What did you do **over** the weekend? 주말 동안에 뭐 했니?

She texted her friend **during** the meeting. 그녀는 회의 시간 동안 친구에게 문자를 보냈다.

★ Maybe I can watch it over the weekend.

실제 원어민들이 쓰는 표현으로 이루어진 대화문을 익혀 보세요.

A Have you heard of *Squid Game*? It is really good.
I am binge-watching it.

B It seems to be very popular among Americans.
I am too busy with my kids to watch it.

A Why don't you watch it after putting them to bed?

B I am so tired in the evening that I go to bed at the
same time as my kids.

A That's too bad. You would like it.

B Maybe I can watch it over the weekend.

UNIT 08

몸이 으슬으슬한 게 안 좋네.

다음 대화를 보고 영어로 어떻게 표현할지 생각해 보세요.

 대화 주제   친구와 만나다가 몸이 안 좋아져서 집에 일찍 가야 하는 상황

 몸이 으슬으슬한 게 안 좋네.

 내일 중요한 발표가 있다고 하지 않았어?

 응, 그것 때문에 너무 무리했나 봐.

 집에서 푹 쉬어야겠네.
내가 집에 데려다줄게.

 고마워. 아까 만났을 때는 괜찮았는데 갑자기 몸이 안 좋아지네.

 빨리 나아야지.
발표 때문에 내일 병가를 낼 수도 없잖아, 그치?

 응, 못 쉬지.
오늘 저녁에 푹 쉬면 괜찮아지겠지.

영작하기

왼쪽 페이지의 우리말 문장을 하단의 단어를 활용하여 영어로 써 보세요.

A
....

B
....

A
....

B
....
....

A
....

B
....
....

A
....
....

활용 단어 & 표현

~로 몸이 안 좋아지려 한다 come down with   발표 presentation

무리하다 overwork   병가를 내다 call in sick

영작 문장 확인하기

앞에서 작성한 문장에 대해 실제 원어민들이 쓰는 표현을 확인해 보세요.

 A 몸이 으슬으슬한 게 안 좋네.

영어에는 '몸이 으슬으슬하다'라는 한국말과 똑같은 표현이 없는 대신, 감기 등이 걸릴 것 같이 몸이 안 좋을 때 come down with ~라는 표현을 씁니다. 어떤 증상인지 구체적으로 모를 때는 something으로 표현합니다. '아픈 상태로 변해가고 있다'라고 하여 "I am getting sick."으로 표현해도 되고, '감기에 걸린 것 같다'라고 하려면 "I think I've caught a cold."라고 표현합니다.

원어민들이
쓰는 표현

★ I think (that) I am coming down with something.
★ I think (that) I've come down with something.
★ I think (that) I am getting sick.
★ I think (that) I've caught a cold.

 B 내일 중요한 발표가 있다고 하지 않았어?

어색한 표현 Didn't you say (that) **there is** an important presentation tomorrow?

there is: there is ~는 어떤 것이 존재한다고 상대방에게 알려 줄 때 쓰는 표현입니다. 여기서는 중요한 발표가 존재한다고 알려 주는 것이 아니라 중요한 발표를 해야 하는 상황을 말하므로 you have ~라고 해야 합니다.

문법적으로 말을 전달하는 동사 say가 과거시제면 뒤에 나오는 문장도 과거시제로 맞춰 줘야 합니다. 하지만 그 발표를 지금도 해야 하는 상황이므로 실제 회화에서 원어민들은 have로 쓰기도 합니다.

원어민들이
쓰는 표현

★ Didn't you say (that) you have/had an important presentation tomorrow?
★ Didn't you tell me (that) you have/had an important presentation tomorrow?

A 응, 그것 때문에 너무 무리했나 봐.

Yes, I think I've **overworked** because of that.

overworked: overwork라는 표현은 실제 회화에서 과거분사(형용사) 형태인 overworked(과로한)로 많이 쓰입니다. '과로했다', '무리했다'라는 표현은 수동태로 I am overworked라고 하는 것이 자연스럽습니다. 또한 실제 회화에서 가장 많이 쓰는 '무리하다'라는 표현은 '너무 지나치게 열심히 일하다'라는 뜻으로 work too hard라고 합니다.

★ Yes, I think I am overworked because of that.
★ Yes, I think I've been working too hard lately.

 B 집에서 푹 쉬어야겠네.

You should **take a rest at home**.

take a rest: '쉬다'라는 표현은 영어로 rest나 get some rest를 일반적으로 사용합니다.
at home: 한국어로는 "집에서 푹 쉬어라."라고 하면 "집에 가서 쉬어라."로 이해되지만, 영어로 rest at home 하면 "여기서 쉬지 말고 집에서 쉬어라."처럼 들립니다. 따라서 "집에 가서 쉬어라."라고 할 때는 정확하게 go home and rest라고 말하는 것이 좋습니다.

★ You should go home and rest.
★ You should go home and get some rest.

B 내가 집에 데려다줄게.

'목적지에 데려다주다'라는 뜻의 다양한 표현

1   **take** 대상 **to** 목적지: 대상을 목적지에 데려다주다
2   **walk** 대상 **to** 목적지: 대상을 목적지에 걸어서 데려다주다
3   **run** 대상 **to** 목적지: 대상을 목적지에 차로 데려다주다
4   **drive** 대상 **to** 목적지: 대상을 목적지에 차로 데려다주다
5   **give** 대상 **a ride to** 목적지: 대상을 목적지에 차로 데려다주다

---

home은 부사로 '집으로'라고도 쓰이므로 전치사 to 없이 씁니다.

원어민들이
쓰는 표현

★ I will take you home.
★ I will walk you home.
★ I will run you home.
★ I will drive you home.
★ I will give you a ride home.

A 고마워. 아까 만났을 때는 괜찮았는데 갑자기 몸이 안 좋아지네.

(어색한 표현) Thank you. I was okay when I met you **a while ago**, but suddenly I am not feeling well.

a while ago: I met you a while ago는 얼마 전에 만나 시간을 보내고 헤어진, 과거의 한 사건을 말하는 것입니다. 헤어지지 않고 지금까지 계속 시간을 보내고 있는 상황에서의 '아까'는 earlier를 씁니다.

원어민들이
쓰는 표현

★ Thank you. I was okay when I met/saw you earlier, but suddenly
I am not feeling well.

빨리 나아야지.

You **should** feel better **fast**.

should: 빨리 나으라는 것은 해야 할 의무나 권유가 아니라 빨리 낫기를 바라는 마음을 표현하는 것이므로 의무와 권유의 조동사 should 대신 I hope를 이용하여 표현합니다.

fast: fast는 동작의 속도가 빠른 것을 나타내는 부사로, 여기서는 어울리지 않습니다. 가까운 시간/기일 안에 일어나는 일에는 soon을 씁니다.

★ **I hope you feel better soon.**

 발표 때문에 내일 병가를 낼 수도 없잖아, 그치?

어떤 정보나 사실에 대해서 상대방에게 확인할 때는 문장 끝에 right?나 부가의문을 쓰면 됩니다. 부가의문은 문장에 쓰인 동사가 어떤 것이냐에 따라 달라지는데, 이 문장에서는 can't가 쓰였으므로 can you?를 붙이세요.

★ **Because of your presentation, you can't call in sick tomorrow, right?**
★ **Because of your presentation, you can't call in sick tomorrow, can you?**

> 응, 못 쉬지.

어색한 표현 Yes, I can't.

Yes, I can't: 영어에서는 Yes를 말하고 뒤에 부정의 형태 can't가 올 수 없습니다. 못 쉰다는 뜻이므로 대답도 No라고 해야 합니다. 상대방이 말한 것을 다시 한번 확인해 주는 대답이므로 상대방이 한 말을 반복해서 언급해 주면 자연스럽습니다.

★ No, I can't call in sick tomorrow.

> 오늘 저녁에 푹 쉬면 괜찮아지겠지.

"오늘 저녁에 쉬면 진짜로 괜찮을 거야."라는 표현이므로 정말 그럴 것이라고 믿는 조동사 will을 쓰면 됩니다. 또한 "오늘 저녁에 쉬면 당연히 괜찮아질 거야(그래야 해)."의 뉘앙스로 말하고 싶으면 should를 써도 됩니다.

★ I will be fine/okay/better if I rest this evening.
★ I should be fine/okay/better if I get some rest this evening.

실제 원어민들이 쓰는 표현으로 이루어진 대화문을 익혀 보세요.

A I think that I am coming down with something.

B Didn't you say that you have an important presentation tomorrow?

A Yes, I think I am overworked because of that.

B You should go home and rest. I will take you home.

A Thank you. I was okay when I met you earlier, but suddenly I am not feeling well.

B I hope you feel better soon. Because of your presentation, you can't call in sick tomorrow, right?

A No, I can't call in sick tomorrow. I will be fine if I rest this evening.

UNIT 09

속이 안 좋아서 토할 것 같았어요.

다음 대화를 보고 영어로 어떻게 표현할지 생각해 보세요.

 대화 주제　주말에 속이 안 좋아 고생한 일에 대한 대화　

 A　셀리(Selley) 씨! 주말 잘 보내셨나요?

 B　친구들이랑 바다에 가기로 되어 있었는데 아파서 못 갔어요.

 A　아이고, 저런!

 B　주말 내내 속이 안 좋아서 토할 것 같았어요.

 A　뭘 잘못 드셨나요?

 B　상한 우유를 마신 것 같아요.

 A　요즘 날씨가 너무 더워서 음식을 조심하셔야 해요. 지금은 괜찮으세요?

 B　지금은 훨씬 괜찮아졌어요.

 A　다행이네요.

영작하기

왼쪽 페이지의 우리말 문장을 하단의 단어를 활용하여 영어로 써 보세요.

Ⓐ
....

Ⓑ
....

Ⓐ
....

Ⓑ
....

Ⓐ
....

Ⓑ
....

Ⓐ
....

Ⓑ
....

Ⓐ
....

활용 단어 & 표현

주말 weekend	속이 안 좋다/배가 아프다 stomach hurts
토하다 throw up	상한 bad/spoiled

영작 문장 확인하기

앞에서 작성한 문장에 대해 실제 원어민들이 쓰는 표현을 확인해 보세요.

 셀리 씨! 주말 잘 보내셨나요?

안부를 물어볼 때는 'How+be동사+주어?'의 문장 형태에 맞춰서 말하면 됩니다. 주말이 어땠냐고 안부를 묻는 것이므로 "How was your weekend?" 하면 됩니다. "주말에 뭐 했니?"라고 물어보려면 "What did you do over the weekend?"라고 해도 됩니다.

원어민들이
쓰는 표현

★ Hey, Selley! How was your weekend?
★ Hey, Selley! What did you do over the weekend?

 친구들이랑 바다에 가기로 되어 있었는데 아파서 못 갔어요.

어색한 표현 I **was going to** go to **the sea** with my friends, but I **couldn't because I was sick**.

was going to: '~하기로 되어 있었다'라는 표현을 할 때는 '~할 계획이었다'라는 뜻의 was going to를 쓰면 됩니다. 또한 '~하려고 했는데 못했다'라는 내용을 내포한 was supposed to를 써도 됩니다.

the sea: 영어로 the sea라고 하면 배를 타고 낚시를 하러 가는 것 같습니다. 해변가에서 시간을 보내는 거라면 the beach를 쓰세요.

I couldn't because I was sick: 단순히 '아팠다'가 아니라 '아프게 되어서 못 갔다'라고 변화를 강조하고 싶다면 was 대신 got을 써서 I got sick으로 표현합니다. '아파서 하지 못했다'라는 말로 I couldn't because I got sick이라고 풀어 써도 되고, I got sick만 말해도 못 갔음이 내포됩니다.

원어민들이
쓰는 표현

★ I was supposed to go to the beach with my friends, but I couldn't because I got sick.
★ I was supposed to go to the beach with my friends, but I got sick.

A 아이고, 저런!

상대방에게 안 좋은 일이 일어난 것을 들었을 때 영어에서 자주 하는 표현은 "I am sorry (to hear that)!" 입니다. 혹은 가볍게 "That's too bad!"라고 써도 좋습니다.

 원어민들이 쓰는 표현

★ I am sorry (to hear that)!
★ That's too bad!

 B 주말 내내 속이 안 좋아서 토할 것 같았어요.

stomach hurts: '속이 안 좋다'를 검색하면 feel sick to one's stomach으로 나오는 경우가 있는데, 이 표현은 충격을 받아서 속이 안 좋거나 비위 상한다는 의미로 쓰입니다. 음식을 잘못 먹어서 탈이 나거나 속이 안 좋은 것은 "My stomach hurts."나 "My stomach doesn't feel good."으로 표현하세요.

throw up: 일반적으로 '토하다'로 가장 많이 쓰이는 표현은 throw up입니다. vomit은 '구토하다'라는 의미로, 보통 의사가 증상을 말할 때 쓰는 표현이에요. puke는 주로 회화에서 informal하게 쓰는 표현으로 더럽다는 뉘앙스도 포함됩니다. 따라서 이 문맥에서는 throw up이 자연스럽습니다.

'주말 내내'의 다양한 표현

1 the entire/whole weekend
2 all weekend (long)

 원어민들이 쓰는 표현

★ My stomach hurt the entire/whole weekend.
★ My stomach didn't feel good the entire/whole weekend.
★ I felt like throwing up all weekend (long).

영작 문장 확인하기

A 뭘 잘못 드셨나요?

어색한 표현 What did you **eat wrong**?

eat wrong: 한국말로는 "뭘 잘못 드셨나요?"라고 '먹다'라는 동사에 부정의 표현을 붙이는데, 영어에서는 '상한 음식'을 먹었다고 표현합니다. 음식이 상한 것을 표현할 때 bad나 spoiled라는 형용사를 사용합니다. 따라서 "상한 음식을 드셨나요?"라고 하려면 "Did you eat something bad/spoiled?" 하면 됩니다. 또는 그냥 "무엇을 드셨나요?"라고 할 수도 있는데, "What did you eat?"이라고 하면 됩니다.

원어민들이 쓰는 표현

★ What did you eat?
★ Did you eat something bad/spoiled?

B 상한 우유를 마신 것 같아요.

어색한 표현 It **seems like** I drank some bad milk.

seems like: seem은 '~인 듯하다'라는 뜻이긴 하지만, 그렇게 생각할 만한 분명한 이유나 근거가 있어서 말하는 것이 아니라, 정황상 왠지 그런 것 같다는 추측을 말하는 것입니다. 음식이 잘못되어 속이 안 좋은 것이라는 나름 분명한 근거에 따른 판단과 생각이라면 think가 더 자연스럽습니다.

원어민들이 쓰는 표현

★ I think (that) I drank some bad milk.

요즘 날씨가 너무 더워서 음식 조심하셔야 해요.

어색한표현 The weather is so hot these days that you **should be careful about** food.

The weather: 춥고 더운 '기온'을 이야기할 때에는 주어를 the weather 대신 it을 주로 사용합니다.

should: 조심하지 않으면 정말 아플 수도 있기 때문에, 불이익과 강제성이 없는 should보다는 반드시 조심해야 한다는 뜻으로 have to를 쓰는 것이 더 자연스럽습니다.

be careful about: careful은 뒤에 about이 오면 어떤 '행동'을 주의하라는 뜻입니다.

    Be careful about crossing the street. 조심해서 길을 건너라.

about 대신 with를 써야 어떤 '물건이나 사람'을 다룰 때 주의를 기울이라는 뜻이 됩니다. 여기서는 음식을 먹는 행동이 아니라 음식 자체를 조심하라는 뜻이므로 with가 맞는 표현입니다.

    ★ It is so hot these days (that) you have to be careful with food.

 지금은 괜찮으세요?

'현재에는 몸 상태가 괜찮냐?'라고 하여 형용사 okay, all right을 이용하여 건강 상태를 물어도 되고 의문사 how와 동사 feel을 써서 '지금은 어떻냐?'라고 해도 됩니다.

    ★ Are you okay now?

    ★ Are you all right now?

    ★ How are you feeling now?

지금은 훨씬 괜찮아졌어요.

비교급을 강조하는 방법

better와 같은 비교급 형용사를 강조할 때는 very나 so를 사용하지 않고 비교급 앞에 much, a lot 등의 부사를 씁니다.

It's **a lot** colder than yesterday. 어제보다 훨씬 춥네.

way도 비교급을 강조할 수는 있지만, '아주 훨씬'이라는 의미로 너무 강조되는 표현이라 어떤 경우는 과한 느낌이 듭니다. '훨씬 좋아졌다'가 아니라 '지금은 괜찮다'라고 말할 때는 "I am okay now."도 좋습니다.

★ I feel a lot better.
★ I feel much better.
★ I am okay/fine now.

다행이네요.

어색한 표현 I am relieved.

I am relieved: "I am relieved."는 걱정하던 일, 안 좋은 일이 해결되어 '안도가 된다'라는 뜻으로, 잃어버렸던 지갑을 찾거나, 큰 병인 줄 알았는데 아니어서 다행이라고 할 때 보통 쓰입니다. 이 문맥에서는 '그 이야기를 들으니 기쁘다'라는 의미이므로, "I am glad to hear that."이나 "That's good."으로 표현합니다.

★ I'm glad (to hear that).
★ That's good.

실제 원어민들이 쓰는 표현으로 이루어진 대화문을 익혀 보세요.

A Hey, Selley! How was your weekend?

B I was supposed to go to the beach with my friends, but I got sick.

A That's too bad!

B I felt like throwing up all weekend long.

A Did you eat something bad?

B I think that I drank some bad milk.

A It is so hot these days that you have to be careful with food. Are you okay now?

B I feel a lot better.

A I'm glad to hear that.

연휴 얘기가 나와서 하는 말인데,

다음 대화를 보고 영어로 어떻게 표현할지 생각해 보세요.

 대화 주제 연휴에 특별한 계획이 없으면 같이 시간을 보낼 것을 제안하는 상황

 날이 점점 어두워지고 추워지고 있어요.

 겨울은 연휴가 없다면 진짜 지루할 거예요.

 연휴 얘기가 나와서 말인데, 크리스마스에 어떤 계획이 있으세요?

 크리스마스 당일은 부모님 댁에서 모두 모이기로 했어요.
근데 그거 외에는 아직 계획이 없어요.

 그럼 크리스마스 지나고 우리 집에서 한번 만나요!
제가 한국식 바비큐를 만들어 드릴 수 있어요.

 너무 좋죠! 전에 한국 음식을 먹어 본 적이 없거든요.
제가 뭐 가져갈 것 있나요?

 마실 것을 준비해 주시면 좋을 것 같아요.

영작하기

왼쪽 페이지의 우리말 문장을 하단의 단어를 활용하여 영어로 써 보세요.

A

....

B

....

A

....

B

....

....

A

....

....

B

....

....

A

....

활용 단어 & 표현

연휴 the holidays(크리스마스와 새해를 이야기하는 것이기 때문에 복수로 표기)

크리스마스 Christmas   ~말이 나와서 말인데 speaking of ~

모이다 get together

앞에서 작성한 문장에 대해 실제 원어민들이 쓰는 표현을 확인해 보세요.

> **A** 날이 점점 어두워지고 추워지고 있어요.

어색한 표현 It is getting **dark and cold**.

dark and cold: 형용사 dark와 cold는 이미 어둡고 추운 상태를 나타냅니다. 이 문맥에서는 점점 더 낮이 짧아지고 날씨도 점점 더 추워지고 있는 변화를 나타내는 말이므로, 비교급인 darker and colder 를 써서 상대적인 변화를 강조해 주세요.

★ It's getting **darker and colder.**

> **B** 겨울은 연휴가 없다면 진짜 지루할 거예요.

어색한 표현 **If there is no holidays**, winter **will** be so boring.

If there is no holidays: 겨울에 크리스마스 연휴가 이미 존재하기 때문에 '겨울에 연휴가 없다면' 이 라는 말은 사실을 반대로 가정하는 가정법으로 말해야 합니다. '~가 없다면'이라는 고정된 형태로 'it were not for the holidays'라는 표현을 써도 되고 간단하게 전치사 without을 써서 'without the holidays'라고 해도 괜찮습니다.

★ If it weren't for the holidays, winter would be so boring.
★ Without the holidays, winter would be so boring.

A 연휴 얘기가 나와서 말인데, 크리스마스에 어떤 계획이 있으세요?

Speaking of: '~말이 나와서 말인데'라는 표현으로 speaking of ~를 씁니다. '연휴 얘기가 나와서 말인데'라고 하려면 speaking of the holidays 하면 됩니다.

what plans do you have?: "어떤 계획이 있으신가요?"라는 질문은 "What plans do you have?"라고 합니다. "뭐 할 예정이신가요?"라고 물어볼 수도 있으므로 "Do you have any plans?", "What are you going to do?", "What are you doing?" 등으로 쓰면 됩니다.

for: '크리스마스에'가 크리스마스를 맞이해서 뭐 할 건지를 묻는 것이므로, event와 함께 쓰는 전치사 for를 씁니다. 크리스마스 당일을 얘기하는 것이라면 전치사 on을 써서 on Christmas day 하면 됩니다.

원어민들이
쓰는 표현

★ Speaking of the holidays, what plans do you have for Christmas?

 B 크리스마스 당일은 부모님 댁에서 모두 모이기로 했어요.

We: 주어를 we라고만 표현해도 문맥상 '내 가족'을 언급하는 것으로 이해가 됩니다. all of us나 my (whole) family라고 해도 괜찮습니다.

get together: 친목을 위해 모이는 행동은 영어로 get together를 씁니다. 이미 약속이 다 되어 있는 일정을 이야기할 때는 종종 현재진행형 형태로 표현하므로, am/are/is getting together라고 쓰면 됩니다.

on: 크리스마스 당일은 위에 언급한 것처럼 on Christmas day로 표현합니다.

원어민들이
쓰는 표현

★ We/All of us are getting together at my parents' house on Christmas day.
★ My (whole) family is getting together at my parents' house on Christmas day. (s로 끝나는 복수명사 뒤에 나오는 소유격 's는 s를 생략합니다.)

> 근데 그거 외에는 아직 계획이 없어요.

'크리스마스 당일 계획을 이야기한 후 다른 계획은 없다'는 상반된 내용을 덧붙이는 것이므로 but으로 두 문장을 이어주면 좋습니다.

'그것 외에는'이라는 뜻의 다양한 표현

1   other than that
2   besides that
3   except for that

★ But other than that, I don't have any plans.

> 그럼 크리스마스 지나고 우리 집에서 한번 만나요!

(어색한 표현) Then let's **meet** at my **house** after Christmas!

meet: 만나서 즐거운 시간을 함께 보내자는 의미의 '만나자'는 영어로 get together로 써야 합니다.
house: '우리 집'이라고 할 때는 house 대신 '장소'를 뜻하는 place로 쓰는 것이 자연스럽습니다.

상대방에게 제안을 하는 표현으로 Let's 대신 Why don't we로 문장을 시작해도 괜찮습니다. 그리고 크리스마스가 지난 어떤 시점에 만나는 것이기 때문에 after Christmas 앞에 some day라는 부사로 강조해 줘도 좋습니다.

★ Then why don't we get together at my place (some day) after Christmas?
★ Then let's get together at my place (some day) after Christmas?

A 제가 한국식 바비큐를 만들어 드릴 수 있어요.

어색한표현 I **can** make Korean barbeque.

can: can은 정말로 일어날 상황에서 할 수 있는 능력이 있을 때 사용하는 조동사입니다. 이 문맥에서는 실제로 상대방과 만날 것이 확실하거나 상대방이 바비큐를 원하는지 모르는 상황에서 이야기하는 것이므로 could로 써서 '원한다면' 만들 수도 있다라고 가능성을 낮추어 말하는 것이 자연스럽습니다.

★ I **could** make Korean barbeque.

 B 너무 좋죠! 전에 한국 음식을 먹어 본 적이 없거든요.

어색한표현 **That's** awesome! I **never ate** Korean food before.

That's: 영어에서는 상대방의 호의를 받아들일 때 조동사 would를 넣어서 '그렇게 해 주신다면'이라는 뉘앙스를 표현할 수 있습니다. 그냥 "좋아요."보다 "그래 주신다면 너무 좋죠." 정도의 어감이라고 생각하면 됩니다.

never ate: 이전부터 지금까지 쭉 한국 음식을 먹어 보지 않은 것이므로 과거와 현재를 이어 주는 시간의 개념, 현재완료형를 써야 한다는 것을 기억하세요.

★ **That would** be great! I'**ve never eaten/had** Korean food before.
★ **That would** be awesome! I'**ve never eaten/had** Korean food before.

영작 문장 확인하기

제가 뭐 가져갈 것 있나요?

어색한 표현 **Do you need anything** I can bring?

Do you need anything ~?: 이 문장은 "필요한 거라도 있나요?"라는 말이 되어서 어감이 어색합니다. "What would you like me to ~?"를 써서 "내가 무엇을 가져가는 게 좋은가요?"라고 하거나, "Is there anything ~?"이나 "Should/Can I ~?"를 써서 "내가 가져갈 것이 있나요?"라고 표현하는 것이 좋습니다.

★ What would you like me to bring?
★ Is there anything (that) I can bring?
★ Should/Can I bring anything?

마실 것을 준비해 주시면 좋을 것 같아요.

어색한 표현 I **want you to prepare** something to drink.

want you to prepare: 영어와 한국말 표현의 차이입니다. 한국말로는 마실 것을 준비해 달라고 하지만, 영어로는 '마실 것을 가지고 와 주면 좋겠다'라고 정확히 표현을 합니다. 또한 부탁을 할 때 I want you to는 명령에 가까운 뉘앙스이므로 "Why don't you ~?"로 제안하는 표현이 더 부드럽고 자연스럽습니다. 더 공손하게는 "It would be great if you could bring something to drink."라고 해도 됩니다.

★ Why don't you bring something to drink?
★ You could bring something to drink.
★ It would be great if you could bring something to drink.

실제 원어민들이 쓰는 표현으로 이루어진 대화문을 익혀 보세요.

A It's getting darker and colder.

B If it weren't for the holidays, winter would be so boring.

A Speaking of the holidays, what plans do you have for Christmas?

B My family is getting together at my parents' house on Christmas day. But other than that, I don't have any plans.

A Then why don't we get together at my place some day after Christmas? I could make Korean barbeque.

B That would be awesome! I've never had Korean food before. What would you like me to bring?

A You could bring something to drink.

며칠 계시다 가시는 거예요?

UNIT 11

다음 대화를 보고 영어로 어떻게 표현할지 생각해 보세요.

대화 주제 지인과 부모님 방문에 관해 나누는 대화

A 어제 마트에서 봤어요.
계산대에 계셔서 인사를 못 했어요.

B 집에 부모님이 오셔서 오늘 저녁 해 드리려고요.

A 며칠 동안 계시다 가세요?

B 3일이요.

A 너무 좋으시겠네요. 부모님을 뵙고 싶다고 하셨잖아요.

B 네, 정말 좋은데, 3일은 너무 짧은 것 같아요. 더 오래 계시면 좋을 텐데.

A 부모님 모시고 마트 옆에 새로 생긴 레스토랑에 가 보세요.
거기 음식이 진짜 맛있더라고요.

B 좋은 정보 고마워요! 내일 부모님 모시고 한번 가 봐야겠어요.

영작하기

왼쪽 페이지의 우리말 문장을 하단의 단어를 활용하여 영어로 써 보세요.

Ⓐ
....
....

Ⓑ
....

Ⓐ
....

Ⓑ
....

Ⓐ
....

Ⓑ
....

Ⓐ
....
....

Ⓑ
....

 활용 단어 & 표현

(식료품 파는) 마트 grocery store   계산대 checkout counter/lane

영작 문장 확인하기

앞에서 작성한 문장에 대해 실제 원어민들이 쓰는 표현을 확인해 보세요.

 어제 마트에서 봤어요.

어색한 표현 I saw you **in** the **mart**.

in: 장소 전치사 in은 '경계선 안의 공간'을 나타내는 전치사입니다. 장소를 지칭하는 명사와 함께 쓰이면 안쪽 공간에 들어와 있다는 것을 의미합니다. 실내에 있건 실외에 있건 상관없이 그냥 그 장소를 지칭할 때는 한 점을 콕 짚는 뉘앙스의 전치사 at을 사용하세요.

mart: 한국에서 흔히 말하는 '마트'는 영어로 store입니다. '식료품을 파는 마트'임을 확실히 말하고 싶다면 grocery store라고 하면 됩니다. 상대방과 내가 장을 본 '그' 가게를 나타내므로 the와 함께 쓰세요.

 ★ I saw you at the (grocery) store yesterday.

 계산대에 계셔서 인사를 못 했어요.

어색한 표현 You were **at the counter**, so I couldn't say hello.

at the counter: counter는 계산하는 직원이 서 있는 곳입니다. 계산을 하려고 계산대에 있는 것은 in the checkout lane이라고 해야 합니다.

---

say hello의 다양한 의미

'인사하다', '아는 척하다', '안부를 묻다'라는 표현은 모두 영어로 say hello로 표현합니다.

 ★ You were in the checkout lane, so I couldn't say hello.

92

B 집에 부모님이 오셔서 오늘 저녁 해 드리려고요.

어색한 표현 My parents **are coming**, so I **will make** dinner for them **today**.

are coming: 부모님이 파티처럼 event를 위해서 오는 게 아니라, 자녀를 방문해서 머무는 경우에는 visit이라는 동사를 쓰는 것이 더 자연스럽습니다.

will make: 곧 일어날 계획된 일은 주로 현재진행형의 형태로 표현합니다. 뒤에 언제 할지 시간 표현이 따라 나온다는 것도 기억하세요.

today: 저녁 식사는 저녁 시간에 이루어지므로 today 대신 tonight이나 this evening으로 정확하게 시간대를 표현해 주는 것이 더 자연스럽습니다.

★ My parents are visiting, so I am making/cooking dinner for them tonight.

A 며칠 동안 계시다 가세요?

"며칠 계시다 가시는 거예요?"의 다양한 표현

1 **How long are they staying?**

2 **How many days are they staying?**

이 문맥은 부모님이 약속하고 오시는 상황으로, 이미 계획과 준비가 되어있는 상황입니다. 이렇게 약속이 되어 있는 계획을 말할 때는 현재진행형의 형태를 주로 씁니다.

★ How long are they staying?

★ How many days are they staying?

영작 문장 확인하기

> 3일이요.

완전한 문장은 "They are staying for three days.", "They will be here for three days."인데, 한국 말처럼 영어로도 문맥상 뻔한 정보는 생략하고 간단하게 "Three days."라고만 말해도 됩니다.

★ Three days.

> 너무 좋으시겠네요. 부모님을 뵙고 싶다고 하셨잖아요.

어색한 표현 You **will** be happy. You said you **want to see** your parents.

will: will은 반드시 그럴 거라는 확신이 들어가 있는데, 이 문맥에서는 그런 확신의 뉘앙스보다 '보고 싶은 부모님을 만난다니 좋겠다'라는 이성적 판단과 추측을 나타내는 must를 쓰는 것이 자연스럽습니다.

want to see: '보고 싶다'는 것은 그만큼 '그리워한다'는 의미죠. '보다'라는 동사 see 대신 그리운 마음을 표현하는 miss를 쓰는 것이 좋습니다. 그리워하는 마음은 지금 현재에도 사실이므로 현재시제를 쓰는 게 좋습니다.

★ You must be so happy. You said you miss them a lot.

> 네, 정말 좋은데, 3일은 너무 짧은 것 같아요.

어색한 표현 Yes, I am very happy, but I think three days **are** too short.

are: 30초든, 5시간이든, 20일이든 단수 취급을 합니다. 돈도 얼마가 되든 단수 취급을 합니다.

★ Yes, I am very happy, but I think three days is too short.

B 더 오래 계시면 좋을 텐데.

어색한 표현 I hope they can stay longer.

hope: 이미 그렇지 않다는 것을 알면서 현실의 사실과 반대되는 내용을 바랄 때는 wish를 써야 합니다. 실제 일어날 확률이 낮은 바람을 나타내는 wish는 that절에 과거시제를 써서 일어날 가능성이 낮다는 것을 표현해야 합니다.

> I wish they could stay longer.
> wish 뒤에는 과거시제로 말함

비교 wish 뒤에 that절이 아닌 명사가 오면 순수하게 '바라다', '빌어주다', '소원하다'라는 의미로 쓰입니다.

> Wish me luck! 행운을 빌어줘!
> We wish you a merry Christmas! 즐거운 크리스마스 보내길 바라!

 원어민들이 쓰는 표현

★ **I wish (that) they could stay longer.**

 A 부모님 모시고 마트 옆에 새로 생긴 레스토랑에 가 보세요.

어색한 표현 Take them to the new restaurant next to the grocery store.

Take them: 영어에서 명령법 문장은 상대방이 내가 말한 대로 따르리라는 기대가 전제되어 있기 때문에, '지시'의 뉘앙스가 너무 강합니다. 제안하고 권유하는 표현에는 should를 쓰는 것이 자연스럽습니다.

the: 마트 옆에 새로 생긴 '그' 식당이라는 의미로, 단순히 식당을 소개하는 것을 넘어 특별하다는 것을 강조하기 위해 the 대신 that을 씁니다.

 원어민들이 쓰는 표현

★ **You should take them to that new restaurant next to the grocery store.**

95

영작 문장 확인하기

 A 거기 음식이 진짜 맛있더라고요.

'거기 음식'이라는 표현은 '그곳의 음식'이라는 의미로 the food there라고 해도 되고, 그 식당에서 파는 '그 식당의 음식'이라는 의미로 their food라고 써도 됩니다. 식당이나 가게 등의 상품을 지칭할 때는 its 보다 복수의 소유격 their를 쓰는 것이 일반적입니다.

> ★ Their food is really good.
> ★ The food there is really good.

 B 좋은 정보 고마워요! 내일 부모님 모시고 한번 가 봐야겠어요.

어색한 표현 Thanks for the good **information**! I **will take** them there tomorrow.

information: information은 어떤 topic에 대한 지식이나 사실을 언급하는 말입니다. "새로 생긴 식당에 가 보세요."라는 말은 추천이나 팁 정도로 보는 것이 자연스럽습니다. 따라서 영어로는 "팁 고마워."나 "추천해 줘서 고마워."라는 표현을 쓰면 됩니다.

will take: will을 쓰면 내일 반드시 모시고 가겠다라는 강한 의지의 표현이 됩니다. 좀 더 부드러운 표현으로 try to를 써서 반드시 할지는 모르겠지만 한번 (시도)해 보겠다는 의미를 드러내야 합니다.

> ★ Thanks for the tip! I will try to take them there tomorrow.
> ★ Thanks for the recommendation! I will try to take them there tomorrow.

원어민 표현 익히기

실제 원어민들이 쓰는 표현으로 이루어진 대화문을 익혀 보세요.

A I saw you at the grocery store yesterday. You were in the checkout lane, so I couldn't say hello.

B My parents are visiting, so I am making dinner for them tonight.

A How long are they staying?

B Three days.

A You must be so happy. You said you miss them a lot.

B Yes, I am very happy, but I think three days is too short. I wish that they could stay longer.

A You should take them to that new restaurant next to the grocery store. Their food is really good.

B Thanks for the tip! I will try to take them there tomorrow.

UNIT 12

예약을 변경하려고 전화드렸습니다.

다음 대화를 보고 영어로 어떻게 표현할지 생각해 보세요.

 대화 주제 미용실에 전화하여 예약을 변경하는 상황

 A
Great Clips에 전화주셔서 감사합니다!
어떻게 도와드릴까요?

 B
안녕하세요, 제가 오늘 3시에 예약이 되어 있는데요.
내일로 변경하고 싶습니다.

 A
잠시만요. 스케줄 좀 확인해 볼게요.
금요일은 예약이 다 차 있어요. 토요일은 어떠세요?

 B
제가 토요일 전에는 머리를 꼭 하고 싶어서요.
생각 좀 더 해 보고 다시 전화드려도 될까요?

 A
네, 그렇게 하세요.

영작하기

왼쪽 페이지의 우리말 문장을 하단의 단어를 활용하여 영어로 써 보세요.

A

B

A

B

A

활용단어 & 표현

예약 appointment

머리를 하다 get one's hair done

변경하다 change/reschedule

영작 문장 확인하기

앞에서 작성한 문장에 대해 실제 원어민들이 쓰는 표현을 확인해 보세요.

 Great Clips에 전화주셔서 감사합니다!

고객 전화에 응대할 때의 표현은 어느 정도 고정되어 있습니다. 우선 "Hello.", "Good morning." 등으로 인사를 한 후, "Thank you for calling (업체 이름)."을 말합니다.

 ★ (Hello), Thank you for calling Great Clips!

 어떻게 도와드릴까요?

본인이 누구인지 밝혀야 하는 경우에는 "This is Selley Kim, speaking."이라고 이름을 말하면 되고, 굳이 이름을 밝힐 필요가 없다면 "How may/can I help you?"라고 하면 됩니다.

 ★ How may I help you?
★ How can I help you?

100

안녕하세요, 제가 오늘 3시에 예약이 되어 있는데요.

'~시에 예약이 되어 있다'의 다양한 표현

1 **have an appointment at 시간:** have an appointment에 시간을 추가하려면 전치사 at을 씁니다.

2 **be scheduled for ~:** be scheduled for ~는 '~로 스케줄이 잡혀 있다'라는 의미입니다.

3 **have a ~ appointment:** have an appointment 사이에 시간을 넣어서 표현할 수도 있습니다. 이 경우 an은 뒤에 오는 단어의 발음에 따라 a로 바꿔서 써야 할 때도 있습니다.

★ Hello, I have an appointment at three o'clock today, but
★ Hello, I am scheduled for three o'clock today, but
★ Hello, I have a three o'clock appointment today, but

 내일로 변경하고 싶습니다.

가게나 식당에서 요청의 의미로 '~하고 싶다'라는 표현은 would like to ~를 쓰는 것이 더 일반적입니다.

'~로 일정을 변경하다'의 다양한 표현

1 **reschedule it for ~:** '다시 스케줄을 잡다'라는 동사 reschedule을 사용합니다. reschedule it tomorrow라고 하면 지금 스케줄 변경을 하는 것이 아니라 내일 변경하겠다는 뜻이 되므로, '내일로' 변경하는 의미라면 전치사 for를 꼭 써야 한다는 것 알아 두세요.

2 **change/move it to ~:** '되어 있는 예약(it)을 바꾸다/옮기다'라는 뜻이고, 전치사 to를 씁니다.

★ I would like to reschedule it for tomorrow.
★ I would like to change/move it to tomorrow.

영작 문장 확인하기

잠시만요. 스케줄 좀 확인해 볼게요.

어색한 표현 Wait a minute. I'll check my schedule.

Wait a minute: 전화상 "잠시 기다려 주세요."라고 할 때는 "Hold on (a second), please."나 "Hang on (a second), please.", "One moment, please."로 표현해야 합니다.

I'll: I'll check은 "내가 확인할게요"라는 뉘앙스가 있기 때문에 어감이 다소 강합니다. 상대방에게 기다려 달라고 부탁을 할 때는 Let me check으로 허락을 구하듯이 부드러운 어감으로 말하는 것이 좋습니다.

my schedule: 나만의 스케줄이 아니라 비즈니스상 정해진 일정이므로 the로 바꿔 주세요.

★ Hold on (a second), please. Let me check the schedule.
★ Hang on (a second), please. Let me check the schedule.
★ One moment, please. Let me check the schedule.

금요일은 예약이 다 차 있어요. 토요일은 어떠세요?

어색한 표현 Appointments are full on Friday. How about Saturday?

Appointments are full on Friday: '금요일이 꽉 찬 상태'라는 개념이므로, 영어로 Friday is full이라고 해야 합니다. 예약 상태뿐 아니라 수업이 마감됐거나 식당의 자리가 없을 때에도 형용사 full을 써서 "The class is full.", "The restaurant is full."이라고 씁니다.

★ Friday is full. How about Saturday?

102

제가 토요일 전에는 머리를 꼭 하고 싶어서요.

어색한 표현 I really **want to do my hair** before Saturday.

want to do my hair: 영어에서 '주어+동사'는 '주어가 직접 그 동작을 한다'라는 의미가 있습니다. 따라서 I want to do my hair라고 하면 내가 직접 내 머리를 하고 싶어 하는 것입니다. 미용실에 가서 머리를 할 때는 변화의 기본 동사 get을 이용하여 'get+목적어+p.p.'의 형태를 씁니다. 또한 I really want to get my hair done이라고 하면 너무 직설적인 어감이 느껴지므로 want to보다는 like to나 need to가 좀 더 자연스럽습니다.

    I got my hair permed. 나 파마했어. → 머리가 파마가 된 상태가 되도록 변화시켰다.

    ★ I really like to get my hair done before Saturday.
    ★ I really need to get my hair done before Saturday.

 생각 좀 더 해 보고 다시 전화드려도 될까요?

어색한 표현 I need to **think more**. Can I call you **again**?

think more: 이 문제에 대해 어떻게 할지 고민을 해 보겠다는 뜻이므로, more 대신에 about it을 써야 합니다. "I need to think about it." 대신 의문문 형태로 "Can I think about it?"이라고 해도 됩니다.

again: again은 어떤 행동을 반복해서 한 번 더 할 때 쓰는 표현이고, back은 있던 곳으로 되돌아올 때 쓰는 표현입니다. 이 상황은 예약 변경을 하는 과정에서 잠시 중단하고 생각 후 다시 돌아와 이야기를 계속할 것이기 때문에 back을 써야 합니다.

    ★ I need to think about it. Can I call you back?
    ★ Can I think about it and call you back later?

영작 문장 확인하기

네, 그렇게 하세요.

어색한 표현 Yes. **You do that**!

You do that: 한국말로는 "그렇게 하세요."라고 하면 상대방의 요청을 받아들이는 표현이 되지만 영어로 "You do that." 하면 명령과 지시의 뉘앙스가 강하므로 사용하면 안 됩니다. "Sure.", "No problem." 등으로 승낙의 의미를 표현합니다.

★ Sure.
★ Of course.
★ No problem.

실제 원어민들이 쓰는 표현으로 이루어진 대화문을 익혀 보세요.

A Thank you for calling Great Clips!
How may I help you?

B Hello, I have an appointment at three o'clock today,
but I would like to reschedule it for tomorrow.

A Hold on, please. Let me check the schedule.
Friday is full. How about Saturday?

B I really need to get my hair done before Saturday.
Can I think about it and call you back later?

A No problem.

맛도 괜찮고 가격 대비 양이 많아.

다음 대화를 보고 영어로 어떻게 표현할지 생각해 보세요.

 대화 주제　점심에 무엇을 먹으러 갈지 대화를 나누는 상황

 점심에 뭐 먹을까?

 글쎄. 베트남 국수는 어때?

 어제 베트남 국수 먹었어. 그거 빼고 다 괜찮으니까 네가 골라.

 약국 옆에 중국집이 새로 생겼는데. 거기 가 볼래?

 나도 봤는데, 아직 안 가 봤어.

 나는 지난주에 가 봤어.
맛도 괜찮고 가격 대비 양이 많아.

 나는 많이 주는 데가 좋더라.
이따가 12시 반에 만나서 같이 가자.

106

영작하기

왼쪽 페이지의 우리말 문장을 하단의 단어를 활용하여 영어로 써 보세요.

A

B

A

B

A

B

A

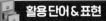

활용 단어 & 표현

베트남 국수 Vietnamese noodles   약국 pharmacy
중국집 Chinese restaurant

앞에서 작성한 문장에 대해 실제 원어민들이 쓰는 표현을 확인해 보세요.

 점심에 뭐 먹을까?

"점심으로 뭐 먹을래?"는 반드시 lunch 앞에 전치사 for를 써야 합니다. '먹다'라는 뜻의 eat이나 have 대신 do for lunch라고 해도 '점심으로 먹다'라는 의미가 됩니다.

★ What do you want to eat/have for lunch?
★ What would you like to eat/have for lunch?
★ What should we eat/have for lunch?
★ What do you want to do for lunch?

 글쎄. 베트남 국수는 어때?

어색한 표현 Well, how about Vietnamese noodles?

Well: Well은 질문이나 요구에 불분명한 태도를 나타낼 때 많이 쓰입니다. 이 문맥에서는 '무엇을 먹을지 모르겠다'라는 뜻이므로, Well보다는 "I don't know."나 "I am not sure." 정도로 표현하면 됩니다.

★ I don't know. How about Vietnamese noodles?
★ I am not sure. How about Vietnamese noodles?

A 어제 베트남 국수 먹었어. 그거 빼고 다 괜찮으니까 네가 골라.

어색한 표현 I ate Vietnamese noodles yesterday. I am okay with **everything** except (for) that, so you choose.

everything: everything은 어떤 것의 '전체'를 의미합니다. 전체를 한 덩어리로 보는 시각이죠. 이 문맥에서는 전체를 짚어서 괜찮다는 것이 아니라, '어떤 것이든', '아무거나' 괜찮다는 뜻이므로 anything을 써야 합니다.

'그거 빼고'의 다양한 표현

1 **except (for) that**
2 **other than that**
3 **but that**

"네가 골라."라는 다양한 표현으로 you choose, you pick, you decide 등이 있습니다. "네 마음대로 해.", "네 결정이야."라는 뜻으로 "It's up to you."라고 해도 됩니다.

원어민들이
쓰는 표현

★ I ate Vietnamese noodles yesterday. I am okay with anything except (for) that, so you choose.

★ I ate Vietnamese noodles yesterday. I am okay with anything other than that, so you pick.

★ I ate Vietnamese noodles yesterday. I am okay with anything but that, so you decide.

★ I ate Vietnamese noodles yesterday. I am okay with anything except (for) that, so it's up to you.

영작 문장 확인하기

 B 약국 옆에 중국집이 새로 생겼는데. 거기 가 볼래?

어색한 표현 A new Chinese restaurant **is opened** next to the pharmacy. Do you want to go there?

is opened: 수동태로 be opened는 '강제로 누군가에 의해 열렸다'라고 할 때 쓰입니다. '가게나 식당이 새로 생겼다'라는 표현은 동사 open (up)을 쓰세요. 형용사 open을 써서 be open이라고 하면 '영업 중이다'라는 뜻이 된다는 것도 알아 두세요.

'새로 생긴 중국집이 있다'라고 존재 여부를 표현할 때는 there is를 이용해서 말합니다.

★ A new Chinese restaurant opened (up) next to the pharmacy. Would you like to go (there)?
★ There is a new Chinese restaurant that opened (up) next to the pharmacy. Do you want to go (there)?

 A 나도 봤는데, 아직 안 가 봤어.

saw: '나도 (얼마 전에) 봤다'라는 과거의 사실로 I saw it이라고 해도 되고, '나도 본 적이 있다'라는 의미로 과거의 경험을 표현하는 I've seen it이라고 해도 됩니다.

haven't been to: "특정 장소에 가서 시간을 보내거나 경험을 해 본 적이 있다"라는 의미로 현재완료형을 쓸 때에는 "have been to 장소"라는 표현을 씁니다. 하지만 단순과거시제로 "가 봤다"라고 할 때에는 was 대신 went를 사용하는 것이 자연스럽습니다. 이 문맥에서는 "먹어 본 적이 없다"라고 해서 "I haven't eaten there yet."이라고 해도 됩니다.

★ I saw it, but I haven't been there yet.
★ I've seen it, but I haven't eaten there yet.

나는 지난주에 가 봤어.

어색한 표현 I've gone there last week.

I've gone: 한국말로는 모든 경험에 대해 '~한 적이 있다'라고 표현할 수 있지만, 영어에서 현재완료형은 과거와 현재가 서로 이어져 있음을 나타냅니다. 따라서 last week와 같은 정확한 과거의 시간이 나오면 과거에 경험을 한 후 끝난 것이기 때문에 현재완료형을 쓸 수 없습니다.

★ I went there last week.
★ I ate there last week.

맛도 괜찮고 가격 대비 양이 많아.

어색한 표현 Their taste is good and there is a lot of food for the price.

Their taste is good: '맛있다'라는 표현은 영어로 "This sandwich is good."처럼 '어떤 음식이 좋다'라고 표현하기 때문에 "Their food is good."이라고 하면 됩니다. 또는 간단하게 "The food is good."으로 표현해도 괜찮습니다.

there is: there is a lot of food라고 하면 '많은 양의 음식이 존재한다'라는 뉘앙스가 됩니다. 이 문맥에서는 '그 식당이 많은 양의 음식을 제공한다'라는 뜻이므로, they give you a lot of food나 you get a lot of food라고 하는 게 자연스럽습니다.

for the price: '가격 대비'라는 표현은 '낸 돈에 비하여'라는 뜻이므로, for your money가 더 일반적인 표현입니다.

★ Their food is good and they give you a lot (of food) for your money.
★ The food is good and you get a lot for your money.

영작 문장 확인하기

나는 많이 주는 데가 좋더라.

어색한 표현 I like **a restaurant** that gives a lot of food.

a restaurant: 영어에서 일반화를 시켜 이야기할 때는 복수 형태를 씁니다. 특정한 곳만 좋은 것이 아니라 음식을 많이 주는 곳들을 다 좋아하는 것이니까요.

★ I like restaurants that give a lot of food.

이따가 12시 반에 만나서 같이 가자.

문장에 정확한 시간인 12시 반이 나왔기 때문에 '이따가'라는 시간의 표현을 또 쓸 필요가 없습니다.

---

at: 12시 30분이라는 정확한 시점은 한 점으로 꼭 짚어 주는 전치사 at과 함께 씁니다.
meet up: 단순히 '만나다'라는 의미의 meet 대신 사교적인 만남을 뜻하는 meet up을 써도 좋습니다.
walk: 식당까지 걸어가는 것이면 go 대신 walk로 표현해도 됩니다.

★ Let's meet (up) at 12:30 and walk there together.

112

실제 원어민들이 쓰는 표현으로 이루어진 대화문을 익혀 보세요.

A What do you want to do for lunch?

B I don't know. How about Vietnamese noodles?

A I ate Vietnamese noodles yesterday. I am okay with anything except for that, so you choose.

B A new Chinese restaurant opened next to the pharmacy. Would you like to go?

A I saw it, but I haven't been there yet.

B I went there last week. The food is good and you get a lot for your money.

A I like restaurants that give a lot of food.
Let's meet up at 12:30 and walk there together.

UNIT 14
좀 일찍 가 봐도 될까요?

다음 대화를 보고 영어로 어떻게 표현할지 생각해 보세요.

 대화 주제   회사에서 몸이 안 좋아서 조퇴를 요청하는 상황

 A   몸이 안 좋아서 그러는데, 오늘 집에 좀 일찍 가 봐도 될까요?

 B   어디가 안 좋으신데요?

 A   한 시간 전부터 머리가 아프기 시작했는데, 두통이 점점 심해지고 있어요.
열도 나는 것 같고요.
약을 30분 전에 먹었는데도 소용이 없네요.

 B   병원에 가 보세요.
다른 팀원들에게는 얘기해 놓을 테니 집에 일찍 가도 돼요.

 A   감사합니다.

 B   혹시 내일 출근을 못 하실 것 같으면 전화주세요.
빨리 나으시길 바라요.

영작하기

왼쪽 페이지의 우리말 문장을 하단의 단어를 활용하여 영어로 써 보세요.

A

B

A

B

A

B

활용 단어 & 표현

열 fever   약 medicine

영작 문장 확인하기

앞에서 작성한 문장에 대해 실제 원어민들이 쓰는 표현을 확인해 보세요.

 A 몸이 안 좋아서 그러는데, 오늘 집에 좀 일찍 가 봐도 될까요?

어색한표현 My body doesn't feel good, so can I go home early today?

My body doesn't feel good: 먼저 주어를 I로 쓰고, "몸이 좋은", '건강한'이라는 의미의 형용사 well을 사용합니다. 또한 늘 아픈 것이 아니라 지금 일시적으로 안 좋게 느끼고 있는 것이므로 현재진행형을 씁니다. **can I go home early today:** 직장 상사에게 요청, 부탁을 할 때는 격식을 갖춰서 우회적으로 물어보는 것이 좋습니다. 최대한 정중하게 "~해도 괜찮을까요?"라는 표현으로 "Would it be okay if I ~?"를 쓰세요. 가정법으로 쓰면 '실은 안 괜찮을 수도 있지만'이라는 의미가 내포되므로, 아주 조심스러운 부탁이 됩니다. 실제 회화에서는 went 대신 go를 쓰기도 합니다.

★ I am not feeling well, so would it be okay if I went home early?
★ I am not feeling well, so would it be okay if I go home early?

 B 어디가 안 좋으신데요?

어색한표현 Where is not good?

Where is not good?: 영어에서 "어디가 아프세요?", "어디가 안 좋으세요?"라는 표현은 "What's the matter?", "What's wrong?" 정도로 표현하면 됩니다.

주의할점

with you를 붙여서 "What's the matter with you?", "What's wrong with you?"라고 하면 "넌 도대체 뭐가 문제야?"라고 따지는 뉘앙스가 생기므로 with you를 쓰면 안 됩니다.

★ What's the matter?
★ What's wrong?

한 시간 전부터 머리가 아프기 시작했는데, 두통이 점점 심해지고 있어요.

'점점 심해지고 있다'라는 뜻의 다양한 표현

1   **it is getting worse:** 지금 점점 심해지는 것이 진행되고 있다는 뜻입니다.
2   **it has been getting worse:** 지금까지 안 좋아지고 있는 상태가 계속 진행 중이라는 의미입니다.
3   **it has gotten worse:** 안 좋아진 상태가 완료되어 현재에 안 좋은 상황을 가지고 있는 의미입니다.

"한 시간째 심한 두통을 앓고 있어요."라는 표현으로 "I've had a bad headache for an hour now."라고 해도 됩니다.

★ My head started hurting/to hurt one hour ago, and it is getting worse.
★ My head started hurting/to hurt one hour ago, and it has been getting worse.
★ My head started hurting/to hurt one hour ago, and it has gotten worse.
★ I've had a bad headache for an hour now.

 열도 나는 것 같고요.

'~인 것 같다'라고 말할 때는 think를 사용합니다. '어떤 몸 상태인 것 같다'라고 말하려면 feel like를 사용해서 말해도 됩니다. I might have a fever라고 하면 '열이 있는 것 같기도 하다'라는 뉘앙스가 됩니다.

★ I think (that) I have a fever.
★ I think (that) I might have a fever.
★ I feel like I (might) have a fever.
★ I feel like I am getting a fever.

약을 30분 전에 먹었는데도 소용이 없네요.

어색한표현 I **ate** medicine 30 minutes ago, but it **is useless**.

ate: eat은 음식을 씹어 먹는 동작을 나타냅니다. 약은 씹어 먹는 것이 아니라 그 약의 효과를 취하는 것이므로 '내 것으로 취하는' 뉘앙스의 동사 take를 쓰세요.

is useless: useless는 '쓸모가 없어서 소용이 없다'라고 할 때 씁니다. 여기서는 약을 먹었는데도 '효과가 없다'라는 뜻이므로 '작동하고 할 역할을 해 내는' 동사 work를 쓰면 됩니다. 지금도 약이 효과가 없으므로 현재진행형을 써도 되고, 30분 전부터 지금까지 계속 효과가 없으므로 현재완료형을 써도 됩니다.

★ I took medicine 30 minutes ago, but it's not working.
★ I took a pill 30 minutes ago, but it hasn't worked.

병원에 가 보세요.

어색한표현 You should **go to the hospital**.

go to the hospital: 영어로 hospital은 '종합 병원'을 의미하고, clinic은 '개인 병원'을 의미합니다. 이런 단어는 보통 특정 목적으로 방문하는 병원을 지칭합니다. 미국에서는 근처의 아무 병원이나 찾아가지 않고, 본인의 담당 의사를 찾아가서 진료를 보기 때문에, 우리가 몸이 안 좋을 때 '병원에 간다'라는 표현은 실제 회화에서 go see a doctor라고 합니다.

★ You should go see a doctor.

B 다른 팀원들에게는 얘기해 놓을 테니 집에 일찍 가도 돼요.

'다른 팀원들에게 얘기해 놓다/알려 주다'라는 뜻의 다양한 표현

1   **tell the other team members:** 이 정보를 다른 팀원에게 알려 주겠다는 의미로 tell을 씁니다.

2   **let the other team members know:** let someone know는 보통 '변경 사항'을 알려 준다고 할 때 쓰고, tell보다 정중한 뉘앙스가 있습니다.

3   **let your team know/tell your team:** '다른 팀원' 대신 '당신 팀'에 알려 주겠다고 해도 됩니다.

원어민들이 쓰는 표현

> ★ I will tell the other team members, so you can go home early today.
> ★ I will let the other team members know, so you can go home early today.
> ★ I will let your team know/tell your team, so you can go home early today.

A 감사합니다.

영어에는 반말의 개념이 없기 때문에 Thanks가 Thank you의 반말이라고 생각하면 안 됩니다. Thanks는 아는 사이에 좀 더 친근하게 고마움을 표현하는 말이므로, 직장 상사에게도 쓸 수 있는 말입니다. appreciate은 무엇이 고마운지 목적어를 반드시 써야 하는 타동사입니다.

    I appreciate your help. 도와주셔서 감사합니다.

이 문맥에서는 무엇에 대한 감사인지 서로 알고 있으므로(집에 일찍 가게 해 준 것에 대한 감사) 대명사 it을 쓰면 됩니다.

원어민들이 쓰는 표현

> ★ Thanks.
> ★ Thank you.
> ★ I really appreciate it.

영작 문장 확인하기

> 혹시 내일 출근을 못 하실 것 같으면 전화주세요.

'출근하다'의 다양한 표현

1 **come to work**: '출근하다'를 '사무실로 오다'라는 의미로 come to work라고 씁니다.
2 **come in**: 사무실 안으로 들어오는 것이 출근한 것이기 때문에 come in으로 '출근하다'를 표현할 수도 있습니다.

그냥 call me, give me a call보다 just를 붙이면 "전화만 주세요" 정도의 어감이 되어서 부드러운 뉘앙스를 만들어 줄 수 있습니다.

> ★ If you can't come to work tomorrow, call me/give me a call.
> ★ If you can't come in tomorrow, just call me/just give me a call.

> 빨리 나으시길 바라요.

어색한 표현 I hope (that) you **will feel good**.

will: hope는 이미 미래에 일어날 일을 바라는 뜻이 있기 때문에 that절에 will을 쓰지 않습니다.
feel good: '몸이 낫다'라고 할 때는 몸이 지금보다 '더 좋은', '건강한' 상태가 되는 것을 의미하므로 feel good이나 feel well보다 feel better가 자연스럽습니다. feel 대신 get을 써도 괜찮습니다.

> ★ I hope you feel better.
> ★ I hope you get better.
> ★ I hope you get well soon.

실제 원어민들이 쓰는 표현으로 이루어진 대화문을 익혀 보세요.

A I am not feeling well, so would it be okay if I go home early?

B What's wrong?

A My head started to hurt one hour ago, and it is getting worse. I think I have a fever. I took medicine 30 minutes ago, but it's not working.

B You should go see a doctor. I will tell the other team members, so you can go home early today.

A Thanks.

B If you can't come to work tomorrow, give me a call. I hope you get well soon.

UNIT 15
날씨가 6월 치고 너무 더워요.

다음 대화를 보고 영어로 어떻게 표현할지 생각해 보세요.

대화 주제   지인과 이상 기후와 환경 문제에 대해 걱정하는 대화

 요즘 날씨가 6월 치고 너무 더워요.
지구 온난화가 심각하긴 한가 봐요.

 맞아요. 작년에는 여름 내내 비가 와서 놀러가지도 못했는데.
이번 여름은 너무 더워서 밖에 못 나가겠어요.

 환경 문제에 좀 더 관심을 가져야 할 것 같아요.
우리 아이들이 살게 될 세상이 걱정이에요.

 저는 그래서 비닐봉지 대신 장바구니를 가지고 다녀요.

 저도 그렇게 하고 있어요.
저녁에 배달 음식도 많이 안 시켜 먹으려고 하는데, 퇴근 후에는 너무
피곤해서 저녁 하는 게 쉽지 않아요.

영작하기

왼쪽 페이지의 우리말 문장을 하단의 단어를 활용하여 영어로 써 보세요.

A

B

A

B

A

영작 문장 확인하기

앞에서 작성한 문장에 대해 실제 원어민들이 쓰는 표현을 확인해 보세요.

 요즘 날씨가 6월 치고 너무 더워요.

very: 너무 지나치게 덥다는 것을 표현하려면 very나 so 대신 too를 써도 됩니다.

for: '~치고'라는 표현은 대상 하나 하나를 개별적으로 따지는 전치사 for를 이용하면 됩니다. 6월이라는 달만 놓고 봤을 때 너무 덥다는 뜻이므로 "It's very hot for June."이 자연스러운 표현입니다. '6월밖에 안됐는데'라는 표현으로 It's only June이라고 해도 됩니다.

★ It's very hot for June.
★ It's only June, but it's already so hot.

 지구 온난화가 심각하긴 한가 봐요.

어색한 표현 **It seems like** global warming **is** serious.

It seems like: It seems like는 여러 정황을 봤을 때 '~한 것 같다'라는 추측, 판단을 표현하는 말입니다. 즉, 말하는 이의 추측이므로 사실이 아닐 수도 있음이 내재되어 있는 표현입니다. 하지만 global warming 문제는 실제로 많은 과학자들이 이야기하는 하나의 사실이므로 이 문맥에서는 it seems like를 빼는 것이 더 자연스럽습니다.

is: 지구 온난화가 이전보다 더욱 심각해진 상황을 표현하려면 변화의 동사 get을 사용하세요.

★ Global warming has gotten serious.

맞아요. 작년에는 여름 내내 비가 와서 놀러가지도 못했는데.

right: 상대방의 말에 동의를 하면서 맞다고 할 때 "You're right."이라고 합니다.

Last year: 작년과 올해를 비교해서 어땠는지를 말하는 문장이므로, 문장 앞에 시기를 강조해 주는 것이 좋습니다.

couldn't go anywhere: '놀러가지 못했다'라는 표현은 아무 데도 가지 못했다는 뜻이므로 간단하게 couldn't go anywhere 정도로 표현하면 됩니다.

all ~ long: '~ 내내'라는 표현은 'all+시간의 단위+long'이라는 형태를 쓰세요.

    all year long 일 년 내내 / all day long 하루 종일

원어민들이
쓰는 표현

   ★ You're right. Last year, I couldn't go anywhere because it rained all summer long.

   ★ That's right. Last year, I couldn't go anywhere because it rained all summer long.

 이번 여름은 너무 더워서 밖에 못 나가겠어요.

작년 여름과 이번 여름을 비교하여 다른 이유로 똑같은 것을 못하는 것이므로, 이번 여름(this year)이라는 시간을 문장 앞으로 빼서 앞서 나온 작년 여름의 문장 구조와 비슷하게 표현하면 됩니다. 너무 더워서 나갈 수가 없는 부정의 의미를 표현하려면 very나 so 대신에 too가 자연스럽습니다.

원어민들이
쓰는 표현

   ★ This year, I can't go out because it is too hot.

A 환경 문제에 좀 더 관심을 가져야 할 것 같아요.

어색한 표현 I feel like I **have to** pay attention to environmental problems **more**.

have to: have to는 반드시 해야만 하는 강제성이 있으므로, 의무가 아닌 경우는 should 정도로 표현하면 됩니다.

more: 영어는 의미상 끈끈한 것들끼리 붙여 줍니다. 따라서 '더 많은 관심'이라는 표현을 위해서는 more가 수식 대상인 attention과 붙어 있어야 합니다.

 ★ I feel like I should pay more attention to environmental problems.

 A 우리 아이들이 살게 될 세상이 걱정이에요.

어색한 표현 I **worry** about the world (that) our kids will **live**.

worry: 어떤 일에 대해 늘 걱정하는 것이 아니라, 어떤 특정 사건이나 원인에 의해 지금 걱정하는 것은 수동태 be worried의 형태가 자연스럽습니다.

live: "Our kids will live in the world."에서 live는 자동사로, 명사(the world)를 뒤에 붙이려면 전치사 in이 와야 합니다. 따라서 관계대명사로 world를 꾸며 주는 문장 구조에서도 live 뒤에 in을 빼면 안 됩니다.

다른 표현 방법

'우리 아이들이 어떤 세상에서 살게 될지'라는 표현으로, '어떤'이라는 뜻의 what을 넣어서 말해도 됩니다.

 ★ I am worried about the world (that) our kids will live in.
★ I am worried about what kind of world (that) our kids will live in.

B 저는 그래서 비닐봉지 대신 장바구니를 가지고 다녀요.

(어색한 표현) I **carry** a cloth grocery bag instead of **a plastic bag**.

carry: 한국말의 '장바구니를 가지고 다닌다'라는 표현으로 동사 carry를 쓰면 '어디를 가든 늘 가지고 다닌다'라는 뜻이 됩니다. 장을 볼 때만 장바구니를 사용한다는 의미로는 use를 써야 자연스럽습니다.

a plastic bag: 보통 장바구니는 한 개를 가지고 계속 사용하지만, 비닐봉지는 여러 개를 쓰고 버리기 때문에 복수로 쓰세요.

 원어민들이 쓰는 표현
★ I use a cloth grocery bag instead of plastic bags.

 A 저도 그렇게 하고 있어요.

(어색한 표현) I am doing that, too.

I am doing that, too: '나도 그렇게 하고 있다'라는 뜻은 '나도 마찬가지다'라는 말이므로, 실제 회화에서 원어민들은 간단하게 "Me, too."나 "So do I."의 형태를 사용합니다.

 원어민들이 쓰는 표현
★ Me, too.
★ So do I.

영작 문장 확인하기

> 저녁에 배달 음식도 많이 안 시켜 먹으려고 하는데, 퇴근 후에는 너무
> 피곤해서 저녁 하는 게 쉽지 않아요.

어색한 표현 I try not to order out **much in the evening**, but it's not easy to cook dinner because I am usually too tired after work.

much: much는 양을 나타내는 부사입니다. 이 문맥에서 '많이 안 시켜 먹는다'라는 것은 음식의 양을 이야기하는 것이 아니라 주문 횟수를 일컫는 말이므로, too often으로 빈도를 나타내 줘야 합니다.

in the evening: 이 문맥에서 '저녁에'라는 말은 저녁 식사를 의미하는 것이므로, 영어로 for dinner를 써서 '저녁 식사'라는 의미를 명확하게 해 줍니다.

> ★ I try not to order out for dinner too often, but it's not easy because I am usually too tired to cook dinner after work.
> ★ I try not to order out for dinner too often, but it's not easy to cook dinner because I am usually too tired after work.

128

실제 원어민들이 쓰는 표현으로 이루어진 대화문을 익혀 보세요.

A It's very hot for June. Global warming has gotten serious.

B You're right. Last year, I couldn't go anywhere because it rained all summer long. This year, I can't go out because it is too hot.

A I feel like I should pay more attention to environmental problems. I am worried about the world our kids will live in.

B I use a cloth grocery bag instead of plastic bags.

A So do I. I try not to order out for dinner too often, but it's not easy because I am usually too tired to cook dinner after work.

UNIT 16

수요일에는 7시에 문을 닫아요.

다음 대화를 보고 영어로 어떻게 표현할지 생각해 보세요.

 대화 주제 길에서 우연히 마주친 지인과 장을 보러 가는 것에 대해 이야기하는 상황

 A 무슨 일이세요?

 B 오, 안녕하세요? 잘 지내시죠?
오늘 저녁에 파티가 있어서 마트에 가요.

 A 무슨 파티인데요?

 B 친한 친구가 다음 주에 결혼을 해서요.

 A 좋으시겠어요. 근데 서두르셔야 해요.
수요일에는 마트가 7시에 문을 닫아요.

 B 알려 주셔서 고마워요.
또 뵐게요!

왼쪽 페이지의 우리말 문장을 하단의 단어를 활용하여 영어로 써 보세요.

Ⓐ

....

Ⓑ

....

....

Ⓐ

....

Ⓑ

....

Ⓐ

....

....

Ⓑ

....

....

활용단어&표현

결혼하다 get married   좋은, 신나는 excited

영작 문장 확인하기

앞에서 작성한 문장에 대해 실제 원어민들이 쓰는 표현을 확인해 보세요.

> **무슨 일이세요?**

오다가다 친한 지인을 만났을 때 "Hello." 대신에 "What's up?" 하고 casual하게 물어볼 수 있습니다. 다짜고짜 "What are you doing?"이라고 하기보다 "What's up?" 하고 인사한 다음에 "What are you doing?"을 많이 씁니다.

★ Hey, what's up?
★ Hey, what's up? What are you doing?

> **오, 안녕하세요? 잘 지내시죠?**

Hi vs Hello의 차이점

많은 학습자들이 "Hi!"는 반말, "Hello!"는 존댓말로 알고 있는데, 영어는 존댓말의 개념이 없습니다. Hello는 누구에게나 쓸 수 있는 인사의 표현이고, Hi는 Hello보다 좀 더 casual한 뉘앙스를 가지고 있어서 아는 사이에서 친근하게 인사할 때 많이 쓰입니다.

★ Oh, hi! How are you?
★ Oh, hi! How are you doing?
★ Oh, hi! How is it going?
★ Oh, hi! How have you been?

B 오늘 저녁에 파티가 있어서 마트에 가요.

어색한표현 I am going to the **mart for a party in this evening**.

mart: mart는 콩글리시로, 미국에서 물건을 사는 '마트'나 '가게'는 전부 store로 쓰면 됩니다.

for a party: 영어는 정확한 의미 전달을 중요시하는 언어입니다. 그냥 파티를 위해 마트에 간다고만 하면 파티를 가게에서 여는 건지, 파티를 위해 물건을 사러 가는 건지 모호한 의미가 되므로 to buy things 를 붙여서 왜 가게에 가는지를 정확히 언급해 줘야 합니다.

in this evening: 시간의 단위를 나타내는 명사 앞에 this/that/last/every/next가 오면 스스로 부사로 쓰일 수 있기 때문에 전치사는 굳이 안 써도 됩니다.

★ I am going to the store to buy things for a party this evening.

A 무슨 파티인데요?

어색한표현 What party is it?

What party is it?: 파티의 목적을 물어볼 때는 목적을 나타내는 전치사 for를 이용해서 "What is the party for?" 하고 물어보든지, 무슨 종류의 파티인지 kind를 이용해서 물어봐야 합니다.

★ What is the party for?
★ What kind of party is it?

영작 문장 확인하기

> 친한 친구가 다음 주에 결혼을 해서요.

어색한 표현 My close friend **is going to marry** next week.

is going to: 이미 준비를 다 해 놓은 예정된 일에는 be going to ~보다 현재진행형의 형태가 더 일반적으로 쓰입니다. 결혼식은 이미 장소와 손님이 정해져 있으므로, 현재진행형의 형태를 쓰는 것이 맞습니다. 이런 경우, 시간을 뒤에 명시해서 의미가 혼동되지 않게 합니다.

marry: marry는 타동사로, 누구와 결혼하는지가 목적어 자리에 와야 합니다. 따라서 뒤에 결혼할 대상이 나오지 않는 경우는 be married를 쓰면 되고, '결혼식을 올리다'라는 변화를 표현하고 싶으면 get married라고 합니다.

★ My close friend is getting married next week.
★ One of my close friends is getting married next week.

> 좋으시겠어요. 근데 서두르셔야 해요.

어색한 표현 You **will** be excited, but you **should hurry up**.

will: will이라는 조동사는 100%의 확신을 가지고 이야기하는 것이므로, 상대방의 기분에 대해 그만한 확신을 가지고 표현하기에는 좀 어색합니다. 어떤 타당한 정보, 근거에 따른 논리적인 추측은 must가 자연스럽습니다. '친한 친구가 결혼하니까 좋겠다'라는 합당한 사고에 의한 추측이므로 must를 써 주세요.

should: should는 강제성이나 불이익이 없는 의무를 표현할 때 씁니다. 이 문맥에서는 서두르지 않으면 안 되는 상황이므로, 반드시 해야 하는 의무를 나타내는 have to를 써야 합니다.

hurry up: 동작의 강조를 나타내는 up은 상대방을 다그치는 어감이 생길 수 있기 때문에 이 문맥에서는 쓰지 않는 것이 좋습니다.

★ You must be excited, but you have to hurry.

> 수요일에는 마트가 7시에 문을 닫아요.

어색한 표현 The store **will be closed** at seven o'clock **on Wednesday**.

will: 수요일에 문을 닫는다는 것은 이미 가게에서 공지를 하고 일정이 짜여 나온 것입니다. 이럴 때는 7시에 문을 닫는다는 것을 하나의 현재 사실로 보고, 현재시제를 씁니다.

be closed: be동사 뒤에 문이 닫힌 상태를 나타내는 과거분사 closed를 쓰면 영업을 안 하는 상태, 문을 닫은 상태를 말합니다. be closed라고 하면 '7시에 문이 닫힌 상태'로 전달될 수 있으므로, 문을 닫는 동작을 나타내는 동사 close를 사용하세요.

on Wednesday: 수요일 하루가 아니라 수요일마다 7시에 문을 일찍 닫는 것이니 복수로 써야 합니다.

★ The store closes at seven o'clock on Wednesdays.

> 알려 주셔서 고마워요.

어색한 표현 Thank you for **letting me know**.

letting me know: let me know는 정보의 변경 사항을 알려 달라고 정중하게 요청할 때 사용됩니다. 이 문맥에서는 변경 사항이 아닌 가게 문이 빨리 닫는다는 정보를 알려 준 것이므로 tell을 씁니다.

★ Thank you for telling me.

또 뵐게요!

헤어질 때의 인사인 "또 봬요!"는 간단하게 "See you!"나 "See you later!"로 표현하면 됩니다.

★ See you!

★ See you later!

원어민 표현 익히기

실제 원어민들이 쓰는 표현으로 이루어진 대화문을 익혀 보세요.

A Hey, what's up?

B Oh, hi! How are you? I am going to the store to buy things for a party this evening.

A What is the party for?

B My close friend is getting married next week.

A You must be excited, but you have to hurry.
The store closes at seven o'clock on Wednesdays.

B Thank you for telling me. See you!

137

UNIT 17

이거 회색으로도 있나요?

다음 대화를 보고 영어로 어떻게 표현할지 생각해 보세요.

대화 주제   옷가게에서 찾는 물건이 다른 색으로도 있는지 묻는 대화

 A   찾고 계신 것이 있으신가요?

 B   목도리 좀 보고 싶어요.

 A   손님께서 하실 건가요?

 B   아니요, 친구에게 줄 거예요.

 A   이건 어떠세요? 이것과 맞는 모자도 있어요.

 B   음, 색이 너무 화려한데요.
이거 회색으로도 있나요?

 A   아니요, 검은색으로는 있어요.

 B   아쉽네요. 회색이 있으면 살 텐데요.

영작하기

왼쪽 페이지의 우리말 문장을 하단의 단어를 활용하여 영어로 써 보세요.

A

B

A

B

A

B

A

B

활용 단어 & 표현

목도리 scarf   색이 화려한 colorful

영작 문장 확인하기

앞에서 작성한 문장에 대해 실제 원어민들이 쓰는 표현을 확인해 보세요.

 찾고 계신 것이 있으신가요?

어색한 표현 What are you finding?

What are you finding: 영어와 한국어의 표현 차이입니다. 영어로는 "찾는 것 좀 도와드릴까요?"라고 해서 "Can I help you find something?"이라고 합니다.

 ★ Can I help you find something?

 목도리 좀 보고 싶어요.

사고 싶은 물건을 찾을 때 쓰는 다양한 표현

1 **I am looking for ~:** 현재진행형으로 "~을 찾고 있어요."라는 표현입니다.

2 **I would like to see some ~:** 가게나 식당에서 '~하고 싶다'라는 표현은 would like to를 사용합니다. 여기에 see를 써서 "~을 좀 보고 싶어요."라는 표현을 할 수 있습니다.

3 **Do you have any ~?:** 보통 그 물건이 있는지 없는지를 물을 때는 any를 사용합니다.

4 **Can you show me some ~?:** 이미 있는 줄 알고 있고, 그것들을 좀 보고 싶다고 부탁할 때는 any 대신 some을 이용해서 물어봅니다.

★ I am looking for a scarf.
★ I would like to see some scarves.
★ Do you have any scarves?
★ Can you show me some scarves?

A 손님께서 하실 건가요?

어색한표현 Are you going to wear it?

Are you going to wear it?: "손님이 착용하실 건가요?"라는 의미입니다. 스카프가 보통 목에 매는 용도이기는 하지만, 손님에게 wear를 직설적으로 사용하지는 않습니다. 그보다 누구를 위한 물건인지 묻는 표현이 더 보편적이고 자연스럽습니다.

 ★ Is it for you?

 B 아니요, 친구에게 줄 거예요.

어색한표현 No. I will give it to my friend.

I will give it to my friend: 상대방이 "Is it for you?"라고 물어봤기 때문에 그에 대한 답으로 "It's for ~" 하고 대답하는 것이 자연스럽습니다. 친구 한 명에게 줄 것이므로 a friend를 쓰세요. 혹은 간단하게 "It's a gift.(선물이에요.)"라고 해도 됩니다.

 ★ No, it's for a friend.
★ No, it's a gift.

이건 어떠세요?

(어색한표현) How is this one?

How is this one?: 'How+be동사+주어?'의 형태는 "How are you?"처럼 안부를 묻고, 주어의 상태를 물을 때 사용하는 표현입니다. 이 물건이 마음에 드는지 안 드는지 물어볼 때는 think를 사용해서 어떻게 생각하는지 물어보면 됩니다. 이 목도리가 어떤지 제안하는 표현으로 "How about this one?", "What about this one?"이라고 써도 됩니다.

★ What do you think about this one?
★ How about this one?
★ What about this one?

이것과 맞는 모자도 있어요.

(어색한표현) There is a hat that fits this.

There is: 단순히 어떤 존재를 소개하는 것이 아니라 '가게에 물건이 소장되어 있음'을 의미할 때에는 We have ~라고 하면 됩니다.

fits: fit은 사이즈가 맞을 때 쓰는 것이고, 디자인이나, 색, 모양 등이 같거나 맞다고 표현하는 경우는 match를 쓰세요.

that절로 hat을 꾸며도 되고, 동사 match를 형용사인 현재분사로 바꿔서 hat을 수식해도 괜찮습니다.

★ We also have a hat that matches the scarf.
★ We also have a matching hat.

음, 색이 너무 화려한데요.

어색한 표현 Umm… That's **too** colorful.

too: 과하게 지나침을 표현하는 부정적인 의미의 부사 too는 상대방의 기분을 상하게 할 수도 있습니다. '좀'이라는 뉘앙스의 부사 a bit, a little를 넣어서 순화시킵니다. 또한 '나에게'는 좀 그렇다는 의미로 for me를 문장 끝에 붙여 주는 것도 부정적인 의미를 좀 누그러뜨려 주는 표현이 될 수 있습니다.

★ That's a little too colorful for me.
★ That's a bit too colorful for me.

이거 회색으로도 있나요?

어색한 표현 Do you have **gray color**?

gray color: '회색'이라는 색을 가지고 있는 것이 아니라 목도리가 회색으로도 있는지 묻는 것이므로, 목적어 자리에 목도리가 나와야 합니다. 색이나 사이즈는 전치사 in으로 붙여 씁니다.

Do you have this **in** black? 이거 검은색으로도 있나요?

Do you have this **in** small? 이거 스몰 사이즈로도 있나요?

색을 표현하는 단어가 명사이자 형용사이기 때문에, gray color라고 쓰지 말고 gray로만 표현합니다.

★ Do you have this in gray?

아니요, 검은색으로는 있어요.

어색한표현 No, but we have **black color**.

black color: 앞 문장과 같이 검은색 자체를 가지고 있는 것이 아니라 물건이 검은색임을 나타내는 것이므로 have it in black이라고 해야 합니다.

또한 회색으로는 없지만 검은색으로는 가지고 있음을 강조하기 위해 동사(have) 앞에 강조의 do를 쓰는 것도 자연스러운 표현입니다.

★ **No, but we do have it in black.**

아쉽네요. 회색이 있으면 살 텐데요.

어색한표현 That's too bad. **If you have it in gray, I will buy it.**

If you have it in gray, I will buy it: "정말로 회색이 있으면 진짜로 사겠다"라는 뜻이 아니라 회색이 없는 줄 알면서, 사실과 반대의 것을 가정해 보는 가정법입니다. 따라서 시제를 과거로 해서 일어날 확률이 낮음을 표현해 줍니다.

★ **That's too bad. If you had it in gray, I would buy it.**

실제 원어민들이 쓰는 표현으로 이루어진 대화문을 익혀 보세요.

A Can I help you find something?

B I am looking for a scarf.

A Is it for you?

B No, it's for a friend.

A How about this one? We also have a matching hat.

B That's a little too colorful for me. Do you have this in gray?

A No, but we do have it in black.

B That's too bad. If you had it in gray, I would buy it.

UNIT 18

스펠링이 어떻게 되나요?

다음 대화를 보고 영어로 어떻게 표현할지 생각해 보세요.

 대화 주제 전화상으로 찾는 사람이 없어서 메모를 남기는 비즈니스 대화

 여보세요? 셰퍼 씨(Mr. Schaffer)가 전화해 달라고 하셔서 전화드렸습니다.

 잠시만요. 셰퍼 씨가 계신지 볼게요.
(잠시 후) 죄송한데, 지금 자리에 안 계시네요.
셰퍼 씨가 오시는 대로 전화드리라고 하겠습니다.

 네, 근데 제가 3시에서 5시 사이에는 전화를 못 받습니다.

 네, 그렇게 전해 드릴게요.
성함이 어떻게 되시죠?

 김수진입니다.

 스펠링이 어떻게 되나요?

 S-o-o J-i-n입니다.

146

영작하기

왼쪽 페이지의 우리말 문장을 하단의 단어를 활용하여 영어로 써 보세요.

Ⓐ
....

Ⓑ
....
....
....

Ⓐ
....

Ⓑ
....
....

Ⓐ
....

Ⓑ
....

Ⓐ
....

활용 단어 & 표현

~하는 대로 as soon as ~   대화를 나눌 수 없는 unavailable

영작 문장 확인하기

앞에서 작성한 문장에 대해 실제 원어민들이 쓰는 표현을 확인해 보세요.

> ### 여보세요? 셰퍼 씨가 전화해 달라고 하셔서 전화드렸습니다.

전화를 달라는 요청에 의한 회신으로 전화를 건 경우, return one's call이라는 표현을 씁니다. 여기서 과거시제를 쓰면 이미 통화가 끝나버린 의미가 됩니다. 지금은 통화 중이므로 현재진행형을 써서 "I am returning Mr. Schaffer's call."이 자연스러운 표현입니다.

> **비교** '~ 씨'라고 할 때 남자는 Mr., 기혼 여성은 Mrs., 미혼 여성은 Miss를 쓰며 Ms.는 결혼 여부와 상관없이 모든 여성을 칭할 때 쓰입니다.

> ★ Hello, I am returning Mr. Schaffer's call.

> ### 잠시만요. 셰퍼 씨가 계신지 볼게요.

전화상 기다려 달라고 부탁하는 다양한 표현

1 Hold on (a second), please.
2 Hang on (a second), please.
3 One moment, please.

"셰퍼 씨가 계신지 볼게요"라는 표현은 그가 지금 전화를 받을 수 있는 시간이 되는지 알아보겠다는 뜻 으로 available이라는 형용사를 씁니다. 또한 비즈니스 영어이므로 좀 더 우회적 I'll see보다는 let me see의 형태로 허락을 구하듯이 표현하는 것이 자연스럽습니다.

> ★ Hold on (a second), please. Let me see if he is available.
> ★ Hang on (a second), please. Let me see if he is available.
> ★ One moment, please. Let me see if he is available.

죄송한데, 지금 자리에 안 계시네요.

'지금 자리에 없다'라는 뜻의 다양한 표현

1　**be not here right now:** 가장 단순하게 '여기에 없다'라는 표현으로 be not here를 씁니다.

2　**be not in the office right now:** '사무실에 없다'라는 표현으로 자리에 없음을 말할 수 있습니다.

3　**be not in right now:** '안에 안 계시다'라고 해서 in만 써도 됩니다.

4　**be not available right now:** available은 '이야기가 가능한' 상황임을 나타냅니다.

★ I am sorry, but he is not here right now.
★ I am sorry, but he is not in the office right now.
★ I am sorry, but he is not in right now.
★ I am sorry, but he is not available right now.

셰퍼 씨가 오시는 대로 전화드리라고 하겠습니다.

have+사람+동사원형: '사람에게 어떤 행동을 하게 하다'라는 의미입니다. 사역동사 have를 '시키다'라는 의미로 생각하면 서열과 강압성이 느껴지기 때문에 이해하기가 어렵습니다. have에는 '가지다'라는 기본 뜻이 있으므로, '목적어가 ~하는 상황을 가지다' 정도의 의미로 받아들여야 합니다. 아무에게나 쓸 수는 없고, 부탁이 자연스러운 관계, 즉 가족 관계나 같이 일하는 관계에서 사용할 수 있습니다

as soon as: '~하는 대로 바로'라는 뜻은 접속사 as soon as나 right after를 사용하면 됩니다.

★ I can have Mr. Schaffer call you as soon as he comes back.
★ I can have Mr. Schaffer call you right after he comes back.

네, 근데 제가 3시에서 5시 사이에는 전화를 못 받습니다.

어색한표현 Okay, but I **can't answer the phone between three to five**.

can't answer the phone: 전화를 받는 행동(answer)을 못 한다기보다는 전화를 받을 수 있는 상황
이 아니라는 뜻이므로 unavailable이라는 형용사를 써야 합니다.

between three to five: between이라는 전치사는 and라는 접속사와 함께 다니는 전치사이기 때문
에 to가 올 수 없습니다.

★ Okay, but I will be unavailable between three and five.
★ Okay, but I won't be available between three and five.

네, 그렇게 전해 드릴게요.

어색한표현 Okay, I will **tell him that**.

tell him that: 비즈니스 영어이므로 좀 더 우회적이고 공손한 표현인 let him know that이 더 적합한
표현입니다.

★ Okay, I will let him know that.

B 성함이 어떻게 되시죠?

What's your name?

What's your name?: 비즈니스 영어에서는 너무 직설적으로 느껴지는 문장입니다. "May I have your name?"이나 "전화 거신 분이 누구신지 여쭤봐도 될까요?" 정도의 표현으로 "May I ask who's calling?"이라고 하면 됩니다. "Can I ask your name?" 하고 물어보면 내가 궁금해서 물어보는 것 같습니다. 필요해서 요청하는 경우는 "Can I have your name?"이라고 have를 쓰는 것이 자연스럽습니다.

★ May I have your name, please?
★ May I ask who's calling?
★ Can/Could I have your name?

 A 김수진입니다.

그냥 간단하게 이름, 성만 말하면 됩니다.

★ Kim Soo Jin.

영작 문장 확인하기

B 〔 스펠링이 어떻게 되나요?

어색한 표현 What's the spelling of your name?

What's the spelling of your name?: 이 표현은 한국말을 그대로 옮겨온 콩글리시입니다. 영
어로 spell을 동사로 써서 "How do you spell that?"이라고 하든지 "Can you spell that for me,
please?"라고 요청하면 됩니다.

★ How do you spell that?
★ Can you spell that for me, please?

A 〔 S-o-o J-i-n입니다.

헷갈리는 스펠링을 정확히 알려 주는 법

알파벳을 알려 주다 보면 b와 p, m과 n, d와 t처럼 상대방이 잘못 들을 수 있는 발음들이 있습니다. 한국말
로 "대한민국 할 때 '대'요."라고 알려 주듯이, 영어로는 as in이나 like를 써서 "N **as in** November.", "N
like November."처럼 말하면 됩니다.

★ S-o-o J-i-n. (N as in November.)
★ S-o-o J-i-n. (N like November.)

152

실제 원어민들이 쓰는 표현으로 이루어진 대화문을 익혀 보세요.

A Hello, I am returning Mr. Schaffer's call.

B Hold on a second, please. Let me see if he is available. I am sorry, but he is not in right now. I can have Mr. Schaffer call you as soon as he comes back.

A Okay, but I will be unavailable between three and five.

B Okay, I will let him know that. May I have your name, please?

A Kim Soo Jin.

B How do you spell that?

A S-o-o J-i-n.

UNIT 19
150번 버스가 종로에 가요.

다음 대화를 보고 영어로 어떻게 표현할지 생각해 보세요.

대화 주제 종로로 가는 버스가 있는지 행인에게 물어보는 상황

A 죄송합니다만, 여기 근처에 종로로 가는 버스가 있나요?

B 네, 150번 버스가 종로에 가요.
버스 정류장은 길 건너에 있어요.
근데 그 버스가 한 시간에 두 대만 오고요,
종로까지 가는 데 1시간 넘게 걸려요.
이 시간에 차가 많이 막히거든요.
지하철 타시는 게 나을 거예요.
지하철을 타시면 한 40분 정도 걸릴 거예요.

A 그렇다면 지하철을 타야겠네요. 정말 감사합니다.

영작하기

왼쪽 페이지의 우리말 문장을 하단의 단어를 활용하여 영어로 써 보세요.

A ....

B ....

....

....

....

....

....

A ....

활용 단어 & 표현

버스 정류장 bus stop   지하철 subway

영작 문장 확인하기

앞에서 작성한 문장에 대해 실제 원어민들이 쓰는 표현을 확인해 보세요.

죄송합니다만, 여기 근처에 종로로 가는 버스가 있나요?

어색한 표현 I am sorry, but is there **any** bus that goes to Jongno?

I am sorry: 모르는 상대에게 말을 걸 때는 Excuse me를 씁니다.

any: any는 아무 버스나 상관없다는 뜻이므로 절박함이 느껴집니다. 종로에 가는 버스를 구체적으로 묻는 것이므로 a bus that goes to Jongno(종로 가는 버스 중 한 대)라고 해야 합니다. 전치사 to만으로도 종로로 간다는 의미가 내포되어 있으므로 a bus to Jongno라고 해도 됩니다.

★Excuse me, but is there a bus (that goes) to Jongno?

네, 150번 버스가 종로에 가요.

어색한 표현 Yes, **the bus number 150** goes to Jongno.

the bus number 150: 버스 번호는 그냥 the 150 bus라고 하거나, 대화하는 사람들끼리 버스라는 것을 뻔히 알고 있는 경우는 the 150라고만 말해도 됩니다. 버스 번호는 두 단위로 끊어서 'one, fifty'라고 읽습니다.

★Yes, the 150 (bus) goes to Jongno.

버스 정류장은 길 건너에 있어요.

(어색한표현) The bus stop is **cross** the street.

cross: cross는 '길을 건너다'라는 동사이기 때문에 '길 건너에'라는 전치사 across를 써야 합니다. 실제 회화에서 'a' 발음을 놓쳐서 실수할 수 있으므로 주의하세요. '바로 길 건너에 있다'라고 하려면 right를 across 앞에 붙이면 됩니다.

★ **The bus stop is (right) across the street.**

근데 그 버스가 한 시간에 두 대만 오고요,

'버스가 한 시간에 두 대 온다'라는 의미로 come이라는 동사를 써도 되고, '버스가 한 시간에 두 대 운행된다'라는 의미로 동사 run을 써도 됩니다. 시간에 따른 횟수를 나타내는 표현 '횟수+a/per+시간의 단위'를 사용하면 되는데, 실제 회화에서 원어민들은 per보다 a/an의 형태를 주로 사용합니다.

    once **a** day 하루에 한 번

    twice **a** month 한 달에 두 번

    six times **a** year 일 년에 여섯 번

'한 시간에 두 대'면 30분마다 오는 것이므로 'every+반복되는 주기'를 사용하여 every 30 minutes라고 표현해도 됩니다.

    every ten minutes 10분마다

★ **But it comes only twice an hour and**
★ **But it runs every 30 minutes and**

영작 문장 확인하기

 종로까지 가는 데 1시간 넘게 걸려요.

(어색한 표현) it takes over one hour to **go to** Jongno.

go to: 종로까지 간다는 말은 종로에 도착한다는 의미이므로, 영어로는 go 대신에 '도착하다'라는 뜻의 get을 써서 'get+to+목적지'의 형태로 사용합니다.

'넘게'라는 의미로 over 대신 more than을 써도 됩니다.

원어민들이
쓰는 표현

★ it takes over one hour to get to Jongno.
★ it takes more than one hour to get to Jongno.

 이 시간에 차가 많이 막히거든요.

(어색한 표현) There are lots of **traffic jams this time**.

traffic jams: traffic jam이라는 것은 교통 체증으로 차가 막혀 있는 구간을 이야기합니다. 따라서 There is a traffic jam in ~처럼 막혀 있는 구간이 뒤에 따라오는 형태로 많이 쓰입니다. 일반적으로 '차가 막힌다'라는 표현은 차의 통행량을 의미하는 traffic을 이용하여 There is a lot of traffic이라고 하거나 Traffic is heavy라고 하면 됩니다.

this time: '이 시간에'는 around this time이나 at this time of day 둘 중 하나를 쓰면 됩니다.

원어민들이
쓰는 표현

★ There is usually a lot of traffic around this time.
★ Traffic is usually heavy at this time of day.

지하철 타시는 게 나을 거예요.

'~하는 것이 낫다'의 다양한 표현

1 **It is better to:** '~ 하는 것이 더 낫다'라는 사실 표현이 됩니다.
2 **It would be better to:** would를 쓰면 좀 더 우회적인 표현이 되어, '만약 뭐가 더 나은지 묻는다면 이런 것 같다' 정도의 어감이 됩니다.

'~하는 것이 낫다'의 주의해야 하는 표현

had better라는 표현도 한국말로 '~하는 것이 낫다'라고 해석되지만, 영어에서 그 의미는 좀 다릅니다. 그렇게 하지 않으면 불이익이 있을 것이라는 것이 암시되는 표현으로, 상대방에게 강압적인 뉘앙스를 줄 수 있으니 주의해서 사용하세요.

★ It's better to take the subway.
★ It would be better to take the subway.

 지하철을 타시면 한 40분 정도 걸릴 거예요.

'지하철을 타시면'의 다양한 표현

1 **If you take the subway:** '만약에 지하철을 탄다면'이라는 의미입니다.
2 **By subway:** subway를 by와 함께 쓸 때는, 관사를 생략해서 탈것으로서의 지하철이 아니라 수단으로 언급한 것임을 표현해 줍니다.

★ If you take the subway, it will take about 40 minutes.
★ By subway, it will take about 40 minutes (to get there).

그렇다면 지하철을 타야겠네요. 정말 감사합니다.

어색한 표현 Then, I **should** take the subway. Thank you very much.

Then: '그렇다면'이라는 말이 이 문맥에서는 '그런 경우라면'이라는 뜻이기 때문에, if that's the case라고 쓰는 것이 자연스럽습니다.

should: 이 문맥에서는 '지하철을 타는 것'이 말하는 사람의 의무가 아니라 지하철을 타겠다는 결심이므로, 결심을 내릴 때 쓰는 조동사 will을 쓰는 것이 자연스럽습니다.

★ **If that's the case, I will just take the subway. Thank you very much.**

160

실제 원어민들이 쓰는 표현으로 이루어진 대화문을 익혀 보세요.

A Excuse me, but is there a bus that goes to Jongno?

B Yes, the 150 bus goes to Jongno. The bus stop is right across the street. But it comes only twice an hour and it takes over one hour to get to Jongno. Traffic is usually heavy at this time of day. It's better to take the subway. If you take the subway, it will take about 40 minutes.

A If that's the case, I will just take the subway. Thank you very much.

휴가 잘 다녀왔어?

다음 대화를 보고 영어로 어떻게 표현할지 생각해 보세요.

대화
주제
> 칸쿤으로 휴가를 다녀온 친구와 휴가에 대해 대화를
> 나누는 상황

> 휴가 잘 다녀왔어?
> 어디 간다고 했었더라?

> 칸쿤. 정말 좋았어! 돈만 많으면 거기서 살고 싶다.
> 너도 엄청 좋아할 거야.
> 난 하루 종일 해변에서 놀았는데,
> 물이 정말 깨끗해서 물고기가 헤엄치는 게 다 보이더라고.

> 좋았겠다!
> 난 휴가가 4일밖에 안 돼.
> 가까운 곳으로 가야 해.

영작하기

왼쪽 페이지의 우리말 문장을 하단의 단어를 활용하여 영어로 써 보세요.

Ⓐ

....

....

Ⓑ

....

....

....

....

Ⓐ

....

....

....

 활용 단어 & 표현

칸쿤 Cancun   놀다 hang out

영작 문장 확인하기

앞에서 작성한 문장에 대해 실제 원어민들이 쓰는 표현을 확인해 보세요.

 휴가 잘 다녀왔어?

휴가가 좋았는지를 물어볼 때는 'How+be동사+주어?'의 형태로 씁니다. 따라서 "How was the trip?"
이나 "How was your vacation?"이라고 하면 됩니다. 또는 "즐거운 휴가를 보냈니/가졌니?"라는 의미
로 "Did you have a good vacation?"이라고 물어볼 수도 있습니다.

★ How was your vacation?
★ How was the trip?
★ Did you have a good vacation?
★ Did you enjoy your vacation?
★ Did you have a good time on vacation?

 어디 간다고 했었더라?

"어디에 간다고 말했지?"라는 표현은 "네가 ~에 간다고 말했다."라는 문장을 의문문으로 바꾼 형태입니다.

1   "You said (that) you went to ~."에서 묻고자 하는 정보를 의문사로 바꿉니다.
    → You said you went <u>where</u>.
2   의문사 where를 문장 앞으로 보냅니다. → <u>Where</u> you said you went.
3   you said를 did you say로 바꿔 의문문 형태를 완성합니다. → Where did you say you went?

★ Where did you say you went?

164

칸쿤. 정말 좋았어! 돈만 많으면 거기서 살고 싶다.

어색한 표현 Cancun. It was so good! If I **have** lots of money, I **will** live there.

have, will: 조건절(If)을 사용할 때 현재시제로 쓰면 직설적인 표현이 되어 '돈이 많다면 진짜로 칸쿤에 살 것이다'라는 뜻이 됩니다. 하지만 이 문맥에서는 돈이 많지 않다는 것을 이미 아는 상태에서 반대의 상황을 '가정'하는 것이므로, 가정법을 씁니다. 즉, 시제를 과거로 바꾸어 확률이 낮다는 의미를 표현합니다.

"정말 좋았다."라는 표현은 "It was great."라고 해도 되지만, "나는 즐거운 시간을 보냈다."라는 의미로 "I had a great time."도 굉장히 많이 씁니다.

★ Cancun. It was great! If I had lots of money, I would live there.
★ Cancun. I had a great time! If I had lots of money, I would live there.

 너도 엄청 좋아할 거야.

어색한 표현 You **will** like **there**, too.

will: will은 강한 확신을 가지고 말하는 뉘앙스이기 때문에 정말 갈 예정이 아니라면 will 대신 would를 쓰는 것이 자연스럽습니다.

there: like는 부사인 there를 목적어로 받을 수 없습니다. 문맥상 목적어가 Cancun이라는 것을 알 수 있기에 대명사 it을 씁니다.

★ You would like/love it, too.

> 난 하루 종일 해변에서 놀았는데,

어색한 표현 I **played** on the beach all day, **but**

played: play라는 동사는 무언가를 가지고 논다는 의미로, 성인보다는 아이들이 장난감을 가지고 놀 때 주로 씁니다. 이 문맥에서는 hang out이나 relax로 해변에서 시간을 보냈다는 것을 표현하면 됩니다.

but: '~했는데'라고 해서 무조건 but을 붙이면 안 됩니다. 영어에서 but은 앞뒤가 서로 상반되는 내용이 나올 때 쓰는 접속사로, 해변에서 논 것과 뒷문장의 물고기를 본 것은 상반되는 내용이 아니므로 사용할 수 없습니다.

★ I hung out on the beach all day.
★ I relaxed on the beach all day.

> 물이 정말 깨끗해서 물고기가 헤엄치는 게 다 보이더라고.

어색한 표현 **Water** was so **clean** that I could see **fishes swim**.

water: 영어에서 바닷물, 호수물, 수영장물처럼 특정한 물은 정관사 the와 함께 씁니다.

clean: 물이 깨끗해서 투명한 상태는 clear를 쓰세요.

fishes: 물고기는 떼를 형성하여 한 덩어리의 모양으로 다닙니다. 복수와 단수 모양이 똑같은 특이한 명사이므로, fish로 써야 합니다.

swim: 물고기가 헤엄치고 있는 모습을 봤다는 내용이므로, 진행의 의미가 있는 현재분사(swimming)를 써서 목적어가 하고 있는 움직임을 표현합니다.

★ The water was so clear that I could see fish swimming.

166

좋았겠다!

어색한 표현 You **must love** it!

must love: must love를 쓰면 '좋아하는구나'라는 현재의 추측이 됩니다. 이미 지나간 과거를 좋았겠다고 추측할 때는 'must have p.p.'의 형태를 써야 합니다.

★ **You must have loved it!**

난 휴가가 4일밖에 안 돼.

"나는 휴가가 4일밖에 안 돼"의 다양한 표현

1 **I only have four vacation days:** ~일의 휴가를 '~ vacation days'로 표현할 수 있습니다.

2 **I only have four days of vacation:** 기간을 전치사 of를 이용해서 꾸며도 됩니다.

3 **I only have four days' vacation:** 소유격 's로 표현할 수도 있습니다.

★ I only have four vacation days.
★ I only have four days of vacation.
★ I only have four days' vacation.

영작 문장 확인하기

가까운 곳으로 가야 해.

어색한 표현 I have to go **a close place**.

a close place: '가까운 곳 어딘가'라는 뜻으로 쓸 때는 반드시 somewhere를 이용해야 합니다.
-where로 끝나는 명사는 형용사가 뒤에 붙습니다. 따라서 somewhere close의 형태로 씁니다.

★ I have to go somewhere close.

실제 원어민들이 쓰는 표현으로 이루어진 대화문을 익혀 보세요.

A How was your vacation? Where did you say you went?

B Cancun. I had a great time! If I had lots of money, I would live there. You would love it, too. I hung out on the beach all day. The water was so clear that I could see fish swimming.

A You must have loved it! I only have four vacation days. I have to go somewhere close.

UNIT 21

6시 이후에는
아무 때나 괜찮아.

다음 대화를 보고 영어로 어떻게 표현할지 생각해 보세요.

 대화 주제   친구와 저녁 식사 약속을 잡는 상황

 A   우리 이번 주 금요일에 저녁 같이 먹을래?

 B   좋아! 몇 시에 만날까?

 A   내가 6시에 퇴근을 해서,
6시 이후에는 아무 때나 괜찮아.

 B   난 그날 쉬는 날이어서 몇 시에 만나든 상관없어.

 A   그럼 7시에 만나자!
강남에 카레 진짜 잘하는 식당을 알고 있는데.
거기 가 볼래?

 B   좋아! 강남역 10번 출구에서 만나는 거 어때?

 A   좋아! 그럼 금요일에 보자!

영작하기

왼쪽 페이지의 우리말 문장을 하단의 단어를 활용하여 영어로 써 보세요.

Ⓐ
....

Ⓑ
....

Ⓐ
....

....

Ⓑ
....

Ⓐ
....

....

....

Ⓑ
....

Ⓐ
....

활용 단어 & 표현

퇴근하다 get off work   카레 curry

출구 exit

앞에서 작성한 문장에 대해 실제 원어민들이 쓰는 표현을 확인해 보세요.

 　우리 이번 주 금요일에 저녁 같이 먹을래?

어색한 표현 Do you want to **eat dinner with me on this Friday**?

eat dinner: '저녁을 먹자'는 제안을 eat dinner라고 하면, 지금 배가 고프니까 저녁을 먹자는 의미로 느껴집니다. 언젠가 식당에 가서 같이 식사하자고 할 때는 보통 go out for dinner라고 표현합니다.

with me: 우리말로는 '같이'라는 말을 많이 쓰지만 저녁 먹자고 묻는 질문 안에 이미 '같이' 먹자는 뜻이 내포되어 있으므로 또 쓸 필요가 없습니다.

on this Friday: 시간의 단위(-day, week, month, year 등) 앞에 this가 쓰이면 스스로 부사 역할을 하기 때문에 전치사를 쓰지 않습니다. '금요일에'라고만 말해도 이번 주 금요일임을 이해할 수 있으므로, on Friday라고 해도 됩니다.

★ Do you want to go out for dinner on Friday?
★ Do you want to go out for dinner this Friday?

 　좋아! 몇 시에 만날까?

어색한 표현 Good! What time do we **have to** meet?

Good: 상대방의 제안을 듣고 좋다고 할 때는 그냥 "Good."보다는 "(It) Sounds good."으로 표현하는 것이 자연스럽습니다.

have to: have to는 반드시 해야 하는 일에 쓰기 때문에 이 문맥에서는 어색합니다. 강제성이 없는 should로 표현하는 것이 자연스럽고, 친구 사이에서는 want to를 써서 casual하게 표현해도 됩니다. 좀 더 우회적인 표현으로 "What time would you like to meet?"이라고 해도 됩니다.

★ Sounds good! What time should we meet?
★ Sounds good! What time do you want to meet?

A 내가 6시에 퇴근을 해서,

'퇴근하다'라는 표현은 영어로 get off work라고 합니다. 늘 6시에 퇴근하는 일상을 이야기하는 것이므로 현재시제로 써 줍니다.

★ I get off work at six o'clock,

 A 6시 이후에는 아무 때나 괜찮아.

so whenever after six is fine.

whenever: whenever는 접속사이므로, 뒤에 문장이 따라 나와야 합니다. 여기서는 anytime을 써서 '6시 이후 아무 때'라고 표현해야 합니다.

★ so anytime after six is fine.
★ so I am free anytime after six.

영작 문장 확인하기

> 난 그날 쉬는 날이어서 몇 시에 만나든 상관없어.

'그날 일을 쉰다'라는 것은 일을 안 한다는 말이지 진짜로 휴식을 취한다는 말(get some rest)이 아니기 때문에 "I don't work that day."로 표현하거나 "I am off (work) that day."라고 해야 합니다.

'몇 시에 만나든 상관없다'라는 표현은 '우리가 만나는 시간이 문제되지 않는다'라고 말해도 되고, 간단하게 '아무 때나 만날 수 있다'라고 말해도 됩니다.

> ★ I don't work that day, so it doesn't matter what time we meet.
> ★ I am off that day, so I can meet anytime.

> 그럼 (그냥) 7시에 만나자!

meet 뒤에 사람이 나오면 '초면으로 만나다'라는 뜻이고, meet 뒤에 시간이나 장소 등의 추가 정보가 따라 나오면 '~시에/~에서 만나다'라는 뜻입니다. 지인들끼리 사교적인 만남을 위해 '만나다'라는 뜻은 meet up으로 표현합니다. 또한 만나는 것을 제안하는 것으로 봐서 "Why don't we (just) meet ~?"라고 말할 수도 있습니다.

> ★ Let's (just) meet at seven!
> ★ Let's (just) meet up at seven!
> ★ Why don't we (just) meet at seven?

A

> 강남에 카레 진짜 잘하는 식당을 알고 있는데.

어색한표현 I know a restaurant that **makes curry very well in Gangnam**.

makes curry very well: '카레를 잘하는 식당'이라는 말은 카레를 만드는 행동을 잘한다는 뜻이 아니라 '맛있는 카레를 만든다'라는 뜻이므로 makes really good curry라고 표현해야 합니다.

in Gangnam: 영어에서는 의미상 끈끈한 것끼리 붙여 줘야 합니다. 강남에서 카레를 만드는 것이 아니라 강남에 있는 좋은 식당을 말하는 것이므로 restaurant 뒤에 in Gangnam을 붙여 주세요.

원어민들이
쓰는 표현

> ★ I know a restaurant in Gangnam that serves/makes delicious curry.
> ★ I know a restaurant in Gangnam that serves/makes really good curry.

A

> 거기 가 볼래?

"거기 가 볼래?"라는 문장을 "Do you want to go there?"라고 쓰고 싶지만 이것은 우리말의 표현을 그대로 영어로 바꿔 놓은 어색한 표현입니다. 이 문장은 영어와 한국말의 문화적인 표현 차이가 있습니다. 한국말은 어떤 것을 제안한 후에 "가 볼래?", "먹어 볼래?"처럼 Yes/No로 상대방의 의사를 묻지만, 영어에서는 "What do you think?(어떻게 생각해?)"라는 표현으로 상대방이 어떤 의견을 가지고 있는지 자유롭게 말할 수 있게 합니다.

원어민들이
쓰는 표현

> ★ What do you think?

B 좋아! 강남역 10번 출구에서 만나는 거 어때?

어색한 표현 Great! Why don't we meet **at exit number 10 in Gangnam Station**?

at exit number 10: 보통 영어로 지하철 출구 번호나 노선을 이야기할 때 정관사나 number를 쓰지 않고 그냥 exit 10(10번 출구), line 2(2호선)라고 합니다. 또한 출구 바깥쪽에서 만나자고 할 때는 정확하게 outside를 써 줘야 오해가 없습니다.

in Gangnam Station: 지하철역은 어느 역인지 정확히 짚어서 알려 줄 수 있으므로 한 점으로 콕 짚어 주는 전치사 at이 자연스럽습니다.

원어민들이 쓰는 표현

★ Great! Why don't we meet at Gangnam Station outside exit 10?
★ Great! Why don't we meet outside exit 10 at Gangnam Station?

A 좋아! 그럼 금요일에 보자!

어색한 표현 Okay! **Let's meet on Friday!**

Let's meet on Friday: "Let's meet ~"은 보통 언제, 어디서 만날지 의견을 제시할 때 사용됩니다. 약속을 정하고 "~에 보자!"라고 할 때는 "See you ~!"라고 표현해야 합니다. '약속한 그때'를 말하려면 then을 쓰면 되고, '이번 주 금요일'에 보기로 했기 때문에 this Friday라고 해도 됩니다.

원어민들이 쓰는 표현

★ Okay! See you then!
★ Okay! See you this Friday!

원어민 표현 익히기

실제 원어민들이 쓰는 표현으로 이루어진 대화문을 익혀 보세요.

A Do you want to go out for dinner on Friday?

B Sounds good! What time should we meet?

A I get off work at six o'clock, so anytime after six is fine.

B I am off that day, so I can meet anytime.

A Let's meet at seven! I know a restaurant in Gangnam that serves delicious curry. What do you think?

B Great! Why don't we meet at Gangnam Station outside exit 10?

A Okay! See you then!

UNIT 22

얼마나 기다려야 해요?

다음 대화를 보고 영어로 어떻게 표현할지 생각해 보세요.

 대화 주제 붐비는 식당에서 얼마나 기다려야 하는지 물어보는 상황

 A 안녕하세요? 몇 분이신가요?

 B 세 명이요. 얼마나 기다려야 하나요?

 A 한 40분 정도 기다리시면 돼요.

 B 예약을 미리 해 놓았어야 했는데.

 A 이름을 적어 주시면 테이블이 준비될 때 불러 드려요.

 B 늘 사람이 이렇게 많나요?

 A 보통 주말이 바빠요.

 B 그럼 주중에 다시 올게요.

 A 네. 그렇게 하세요!

178

영작하기

왼쪽 페이지의 우리말 문장을 하단의 단어를 활용하여 영어로 써 보세요.

A

....

B

....

A

....

B

....

A

....

B

....

A

....

B

....

A

....

활용 단어 & 표현

(자리) 예약을 하다 make a reservation   (사람)을 불러내다 call for ~

(사람들이) 붐비는, 많은 crowded

영작 문장 확인하기

앞에서 작성한 문장에 대해 실제 원어민들이 쓰는 표현을 확인해 보세요.

A 안녕하세요? 몇 분이신가요?

상황에 따른 표현 차이

격식 있는 식당에서는 보통 손님에게 "How many (people in your party)?(몇 분이신가요?)" 하고 묻지만, casual한 식당에서는 손님의 수를 보고 바로 "Two?(두 분이세요?)" 하고 묻는 경우도 많습니다. 여기서 party는 '단체', '모임'을 의미합니다.

원어민들이 쓰는 표현

★ Good evening? How many (people in your party)?

B 세 명이요. 얼마나 기다려야 하나요?

어색한 표현 Three people. How long do we have to wait?

Three people: 몇 명이 왔는지 말할 때 회화에서는 people을 생략하고 숫자로만 대답합니다.

How long do we have to wait?: "얼마나 오래 기다려야 하나요?"라고 해서 "How long do we have to wait?"라고 물어보면 "도대체 얼마나 오래 기다려야 하나요?"라고 따지는 뉘앙스가 됩니다. 단순히 대기 시간을 물을 때는 "기다리는 시간이 어느 정도 되나요?"라는 뜻으로 "(About) how long is the wait?"이나 "오래 기다리나요?"라는 말로 "Is the wait long?"이라고 말하는 것이 자연스럽습니다.

원어민들이 쓰는 표현

★ Three. (About) how long is the wait?
★ Three. Is the wait long?

한 40분 정도 기다리시면 돼요.

`어색한 표현` **You have to** wait about 40 minutes.

You have to: 손님에게 You have to나 You should를 쓰면 마치 지시하는 뉘앙스를 줄 수 있기 때문에 사용하지 않습니다. "(기다리는 시간이) 40분 정도 될 겁니다."라는 의미로 "It will be about 40 minutes."가 자연스러운 표현입니다.

★ **It will be about 40 minutes.**

예약을 미리 해 놓았어야 했는데.

`어색한 표현` I **had to** make a reservation.

had to: had to를 쓰면 "나는 예약을 해야 했다"라는 이미 과거에 한 행동을 말하는 것이 됩니다. '예약을 했어야 했는데 안 했다'라는 안 한 행동에 대해서 후회하는 상황에는 should have p.p. 형태를 써야 합니다.

★ I **should have made a reservation.**

> 이름을 적어 주시면 테이블이 준비될 때 불러 드려요.

어색한 표현 If you **write** your name, we'll **call you** when **the** table is ready.

write: 어딘가에 이름을 적는 행위를 나타내려면 write down을 써야 합니다. down 없이 write만 쓰면 어디에 이름을 쓰는지 on this paper 같은 정보가 따라 나와야 합니다.

call you: 단순히 '이름을 부르다'라고 할 때는 call your name이라고 하지만, '불러들이다'라는 의미를 표현하려면 call for you라고 합니다. call for는 '~을 불러들이다', '~을 불러오다'라는 뜻으로, 이 문맥에서는 단순히 '이름을 부르겠다'로 봐서 'call your name'이라고 해도 되고, '당신을 불러들이겠다'로 해서 call for you라고 해도 됩니다.

the: 특정한 테이블이 준비되는 것이 아니라 식당 내의 테이블 중 하나가 준비되는 것이므로, 부정관사 a를 씁니다.

★ If you write down your name, we'll call for you when a table is ready.
★ If you write down your name, we'll call your name when a table is ready.

> 늘 사람이 이렇게 많나요?

"늘 사람이 이렇게 많나요?"의 다양한 표현

1 **Is it always this crowded?:** '붐비는'이라는 형용사 crowded를 써서 "늘 이렇게 붐비나요?"라고 할 수 있습니다.

2 **Are there always this many people?:** "항상 이렇게 많은 사람들이 있나요?"라는 의미입니다.

★ Is it always this crowded?
★ Are there always this many people?

> ## 보통 주말이 바빠요.

Weekend is usually busy.

Weekend: 특정 주말을 지칭해서 이야기하는 것이 아니라 일반적인 주말 모두를 지칭하는 말이므로, 복수 형태로 써야 합니다.

"우리 식당은 보통 주말에 바빠요."라는 의미로 "We are usually busy on weekends."라고 해도 됩니다.

★ **Weekends are usually busy.**
★ **We are usually busy on weekends.**

> ## 그럼 주중에 다시 올게요.

We will **come back on weekdays.**

come back: come back은 잠시 후에 다시 올 것 같은 뉘앙스를 가집니다. '다른 날에 다시 시도를 해보겠다'라는 의미로 try again을 쓰는 것이 더 자연스럽습니다.

on weekdays: 이 문맥에서는 주중에 '하루' 시간 내서 오겠다는 뜻이므로, on a weekday라고 해야 합니다.

★ **We'll try again on a weekday.**

영작 문장 확인하기

네. 그렇게 하세요!

어색한 표현 Okay. **Do that!**

Do that!: "Do that!"이라고 하면 상대방에게 강한 지시와 명령의 뉘앙스를 줍니다. 그렇게 해도 문제될
것이 없다(괜찮다)는 뜻으로 "No problem!"을 쓰는 것이 적절합니다.

★ Okay. No problem!

실제 원어민들이 쓰는 표현으로 이루어진 대화문을 익혀 보세요.

A Good evening? How many people in your party?

B Three. How long is the wait?

A It will be about 40 minutes.

B I should have made a reservation.

A If you write down your name, we'll call for you when a table is ready.

B Is it always this crowded?

A Weekends are usually busy.

B We'll try again on a weekday.

A Okay. No problem!

UNIT 23
승진하셨다는 얘기 들었어요.

다음 대화를 보고 영어로 어떻게 표현할지 생각해 보세요.

 대화 주제 승진한 직장 동료에게 축하를 전하며 점심 약속을 잡는 상황

 안녕하세요, 셀리(Selley) 씨! 잠깐 얘기할 시간 있어요?

 물론이죠. 무슨 일 있으세요?

 승진하셨다는 얘기 들었어요. 축하드려요!

 감사합니다. 운이 좋았던 것 같아요.

 아니에요, 그럴 자격 있으세요! 진짜 열심히 일하셨잖아요.
저도 셀리 씨에게 많이 배웠어요.

 그렇게 말씀해 주시니 고맙습니다.

 시간 괜찮으실 때 승진 축하 기념으로 점심 먹으러 가요.

 좋아요. 제가 이번 주는 좀 바빠서 다음 주가 좋겠네요.

영작하기

왼쪽 페이지의 우리말 문장을 하단의 단어를 활용하여 영어로 써 보세요.

A

....

B

....

A

....

B

....

A

....

....

B

....

A

....

B

....

활용단어&표현

승진 promotion

~을 축하하다 celebrate

~할 자격이 있다 deserve ~

점심 먹으러 가다 go out for lunch

영작 문장 확인하기

앞에서 작성한 문장에 대해 실제 원어민들이 쓰는 표현을 확인해 보세요.

> 안녕하세요, 셸리 씨! 잠깐 얘기할 시간 있어요?

어색한 표현 Hi, Selley! Are you **available** for a moment?

available: available은 주로 formal한 상황에서 어떤 일을 논의하기 위해 약속을 정하면서 쓰는 형용사입니다. 잠깐 이야기를 나누는 상황에서는 어색하게 들립니다. '얘기할 시간이 있다'라는 표현으로 have time to talk라고 하거나, 단순하게 '잠깐 시간 있다'라는 의미로 have a second, have a minute 등을 쓰는 것이 자연스럽습니다.

> ★ Hi, Selley! Do you have time to talk (for a moment)?
> ★ Hi, Selley! Do you have a second?
> ★ Hi, Selley! Do you have a minute?

> 물론이죠. 무슨 일 있으세요?

어색한 표현 Of course. **What happened?**

What happened?: "What happened?"는 실제로 어떤 일이 발생했을 때 무슨 일인지 물어보는 표현입니다. 여기서는 "What's up?", "What's going on?" 정도로 무슨 일로 찾아온 건지 물으면 됩니다.

> ★ Of course. What's up?
> ★ Sure. What's going on?

A 승진하셨다는 얘기 들었어요. 축하드려요!

어색한 표현 I heard that you got **promotion**. **Congratulation**!

promotion: '승진'은 셀 수 있는 명사로, 부정관사 a와 함께 쓰입니다. 또는 '승진이 되었다'라고 하여 you got promoted라고 해도 됩니다. 여기서 중요한 것은 be동사 대신 변화를 나타내는 동사 get을 써서 승진이 된 상태가 되었다는 것을 강조해 줘야 합니다.

Congratulation!: "축하해요!"라는 표현은 항상 복수 형태로 쓰입니다.

★ I heard (that) you got a promotion. Congratulations!
★ I heard (that) you got promoted. Congratulations!

 B 감사합니다. 운이 좋았던 것 같아요.

어색한 표현 Thank you. I think (that) **I got lucky**.

I got lucky: 영어에서 get lucky는 종종 이성과 하룻밤을 보냈다는 성적인 의미로도 쓰입니다. get 대신 be동사를 써야 오해가 없습니다.

★ Thank you. I think I was lucky.

아니에요, 그럴 자격 있으세요! 진짜 열심히 일하셨잖아요.

어색한 표현 No, you **deserve**! You **suffered a lot**.

deserve: '~의 자격이 있다'라는 의미의 deserve는 타동사이므로 목적어가 꼭 나와야 합니다. 무엇에 대해 얘기하는지 서로 아는 대화에서는 대명사 it을 씁니다. 또한 '열심히 노력해서 얻어냈다'라는 의미로 동사 earn을 써도 좋습니다.

suffered a lot: '고생했다'라는 한국말 표현과 정확히 맞아 떨어지는 영어 표현은 없습니다. 따라서 문맥과 상황에 맞게 적당한 표현을 그때그때 골라 써야 합니다. 정말로 고통을 받아서 고생했다는 뜻이면 suffer, 많은 일을 겪어서 고생했다면 go through a lot, 일을 열심히 하느라 고생했다면 work hard로 쓰면 됩니다. 이 문맥에서는 회사에서 일하느라 고생한 것이므로 work hard를 쓰는 게 자연스럽습니다.

★ No, you **deserve it**! You **worked really hard**.
★ No, you **earned it**! You **worked really hard**.

 저도 셸리 씨에게 많이 배웠어요.

어색한 표현 I learned **a lot of things** from you.

a lot of things: 무엇이 많고 적은지 대화에서 서로 알고 있는 경우, a lot, a little만을 써서 간단하게 표현합니다.

I ate a lot. 나 많이 먹었어.

★ I learned **a lot** from you.

그렇게 말씀해 주시니 고맙습니다.

상대방의 칭찬이나 위로 등을 듣고 "그렇게 말씀해 주시니 고맙습니다."라고 감사를 표하는 말은 "Thank you for saying that."으로 표현합니다. 워낙 많이 쓰이는 표현이니까 통째로 외워 두세요.

★ Thank you for saying that.

시간 괜찮으실 때 승진 축하 기념으로 점심 먹으러 가요.

"승진 축하 기념으로 점심 먹으러 가자."라는 의미는 "당신의 승진을 축하하기 위해 점심을 먹으러 가자."라는 뜻이므로 영어로는 "Let's go out for lunch to celebrate your promotion."이라고 하면 됩니다.

이해하면 유용한 문화 차이

우리는 승진을 한 사람이 승진 턱을 내는 문화지만, 미국은 반대로 직장 동료나 친구들이 승진한 사람에게 승진 턱을 내는 문화입니다. 따라서 "네 승진 기념으로 내가 점심 살게."라고 표현해도 됩니다.

★ When you have time, let's go out for lunch to celebrate your promotion.
★ When you have time, let me take you out for lunch to celebrate your promotion.

191

영작 문장 확인하기

 B 좋아요. 제가 이번 주는 좀 바빠서 다음 주가 좋겠네요.

어색한 표현 Sure. I am pretty busy this week. Next week **is good**.

is: 현재시제로 쓰면 다소 직설적으로 들릴 수 있습니다. 조동사 would를 넣어 '가능하다면', '괜찮다면'이라는 부드러운 뉘앙스를 만들어 주는 것이 좋습니다.

good: 이번 주와 다음 주를 비교하여 이번 주보다는 다음 주가 더 낫다는 뜻이므로 better가 자연스럽습니다.

 원어민들이 쓰는 표현

★ Sure. I am pretty busy this week. Next week would be better.

원어민 표현 익히기

실제 원어민들이 쓰는 표현으로 이루어진 대화문을 익혀 보세요.

A Hi, Selley! Do you have a second?

B Of course! What's up?

A I heard you got promoted. Congratulations!

B Thank you. I think I was lucky.

A No, you deserve it! You worked really hard.
I learned a lot from you.

B Thank you for saying that.

A When you have time, let's go out for lunch to
celebrate your promotion.

B Sure. I am pretty busy this week. Next week would
be better.

UNIT 24

어떻게 되어 가고 있나요?

다음 대화를 보고 영어로 어떻게 표현할지 생각해 보세요.

 대화 주제 직장 상사가 일의 진행 상태를 묻고 일정을 재촉하는 상황

 A 그 서류 작업은 어떻게 되어 가나요?

 B 죄송합니다만, 이번 주에 끝내기 어려울 것 같습니다.

 A 그 일이 제일 급해요.
카일 씨(Kyle)께서 서류를 이번 주 내로 원하고 계세요.

 B 그럼, 제가 하고 있는 다른 일을 제인 씨(Jane)에게 끝내 달라고 해야 할 것 같습니다.

 A 그래야 한다면 그렇게 하세요.
혹시 필요한 것 있으면 얘기하고요.
서류 작업을 끝내고 보고해 주면 고맙겠어요.

 B 네, 최대한 빨리 끝내도록 최선을 다하겠습니다.

영작하기

왼쪽 페이지의 우리말 문장을 하단의 단어를 활용하여 영어로 써 보세요.

A

B

A

B

A

B

영작 문장 확인하기

앞에서 작성한 문장에 대해 실제 원어민들이 쓰는 표현을 확인해 보세요.

> **그 서류 작업은 어떻게 되어 가나요?**

어떤 일이 진행되어 가는 상황을 물어볼 때는 일반적으로 'How is+명사+going?'과 'How is+명사 +coming along?'이 있습니다.

비교 'How is+명사?'는 안부나 상태를 물어볼 때 쓰는 문장 구조이므로 구분해서 사용해야 합니다.

> ★ How is the paperwork going?
> ★ How is the paperwork coming along?

> **죄송합니다만, 이번 주에 끝내기 어려울 것 같습니다.**

어색한표현 I am sorry, but I think it'll be hard to finish it **within this week**.

within this week: 시간의 단위인 week 앞에 this/that/every/last 등이 나오면 그 자체로 부사의 역할을 할 수 있습니다. 즉, this week 하면 '이번 주에'라는 뜻이 되므로 전치사가 필요 없습니다. 또한 '이번 주에' 끝낸다는 의미가 '이번 주 내로' 끝낸다는 의미이므로 굳이 within을 쓸 필요가 없습니다.

'죄송하지만 ~일 것 같습니다'라는 의미로 I am sorry, but ~이 일반적인 표현이고, I am afraid that ~으로 표현해도 좋습니다. 이 문맥에서는 간단하게 '제 생각에는 ~하기 어려울 것 같아요'라는 의미로 I don't think ~라는 표현을 사용해도 괜찮습니다.

> ★ I am sorry, but I think it will be hard to finish it this week.
> ★ I am afraid that it might be hard to finish it this week.
> ★ I am afraid that I won't be able to finish it this week.
> ★ I don't think I will be able to finish it this week.

그 일이 제일 급해요.

'다른 일보다 최우선으로 처리해야 하는 일'을 나타낼 때 top priority라는 표현을 씁니다. 혹은 정말 중요하고 급하다는 의미로 urgent라는 형용사를 써도 괜찮습니다.

★ It's our top priority.
★ It's urgent.

 카일 씨께서 서류를 이번 주 내로 원하고 계세요.

'이번 주 내로'라는 뜻의 다양한 표현

1   앞서 언급된 것처럼 '이번 주에'라는 의미는 '이번 주 내로'와 같은 뜻이므로 this week로 표현합니다.

2   this week 앞에 sometime이라는 부사를 붙여 이번 주의 '한 시점'을 강조해 줄 수도 있습니다.

3   within(이내)을 강조하고 하고 싶은 경우, within 뒤에 the week를 붙여 줍니다. the week는 말하고 있는 그 시점이 해당된 주, 즉 이번 주를 의미합니다.

---

want 대신 would like를 써서 조금 더 우회적이고 부드럽게 표현해도 좋습니다.

★ Kyle wants the document (sometime) this week.
★ Kyle wants the document within the week.
★ Kyle would like the document (sometime) this week.

영작 문장 확인하기

> 그럼, 제가 하고 있는 다른 일을 제인 씨에게 끝내 달라고 해야 할 것
> 같습니다.

'~해야겠다'라고 하여 need to, have to만 쓰면 의무의 의미가 너무 강하기 때문에 I think I'll have to 정도로 바꿔 '~해야 할 것 같다'의 뉘앙스로 하면 더 예의 바르고 공손한 표현이 됩니다.

다른 직원에게 일을 끝내 달라고 하는 것은 '다른 사람에게 일을 시키겠다/부탁하겠다'라는 뜻이므로, 동사 ask나 사역동사 have를 이용해 말할 수 있습니다. 사역동사 have는 보통 부탁을 편하게 할 수 있는 아랫 사람에게 사용되기 때문에, 부하 직원이 아닌 동료에게 하는 말이면 ask를 쓰는 것이 더 자연스럽습니다.

I think I'll have to **ask** Jane if she can finish my other work.
제인 씨에게 제 다른 일을 끝내 줄 수 있을지 물어봐야 할 것 같습니다.

I think I'll have to **have** Jane finish my other work.
제인 씨에게 제 다른 일을 끝내 달라고 해야 할 것 같습니다.

★ I think I'll have to ask Jane if she can finish my other work, then.
★ I think I'll have to have Jane finish my other work, then.

> 그래야 한다면 그렇게 하세요.

어색한 표현 If you have to do it, do it.

If you have to do it: 꼭 그렇게 해야만 하는 의무라기보다는 일을 일찍 끝내기 위해 '그것이 필요하다 고 생각된다면'이라는 뜻이므로, If you think it'll be necessary라고 표현하는 것이 자연스럽습니다.
do it: 단순히 '하세요'가 아니라 그렇게 일을 진행해도 된다고 허락해 주는 표현이므로 go ahead가 자 연스럽습니다.

★ If you think it'll be necessary, go ahead.

혹시 필요한 것 있으면 얘기하고요.

어색한 표현 **Tell me** If you need anything.

Tell me: formal한 상황에서 좀 더 우회적으로 표현할 때에는 Let me know를 사용하세요.

★ Let me know if you need anything.
★ Let me know if you need any help.

 서류 작업을 끝내고 보고해 주면 고맙겠어요.

어색한 표현 **I appreciate if you let me know** when the paperwork **is over**.

I appreciate if you let me know: '알려 주면 고맙겠다'라는 의미로, appreciate은 공손하게 우회적으로 부탁하는 표현입니다. 그렇기 때문에 일어날 가능성이 낮은 일에 쓰이는 가정법의 문장 구조가 적용됩니다. 정중한 부탁으로 굳어진 표현이니까 I would appreciate it if you could ~를 외워 두고 상황에 맞게 쓰면 됩니다.

is over: be over는 '일의 진행이 멈추다'라는 뜻으로, 일이 진행되다가 자연스럽게 멈출 때 많이 쓰이고, 누군가에 의해 일이 마무리되는 것은 be done이나 be finished를 쓰는 것이 더 자연스럽습니다.

★ I would appreciate it if you could let me know when the paperwork is done.
★ I would appreciate it if you could let me know when the paperwork is finished.

199

영작 문장 확인하기

네, 최대한 빨리 끝내도록 최선을 다하겠습니다.

[어색한 표현] Okay, I will **try my best** to finish it as soon as possible.

try my best: try my best는 될지 안 될지는 모르겠지만 일단 최선은 다해 보겠다는 의미입니다. 반드시 이번 주에 끝내도록 최선을 다하겠다는 뜻으로는 do my best를 쓰는 것이 좋습니다.

★ Okay, I will do my best to finish it as soon as possible.
★ Okay, I will do my best to finish it as soon as I can.

200

실제 원어민들이 쓰는 표현으로 이루어진 대화문을 익혀 보세요.

A How is the paperwork going?

B I am sorry, but I think it will be hard to finish it this week.

A It's our top priority. Kyle wants the document this week.

B I think I'll have to ask Jane if she can finish my other work, then.

A If you think it'll be necessary, go ahead. Let me know if you need anything. I would appreciate it if you could let me know when the paperwork is done.

B Okay, I will do my best to finish it as soon as possible.

UNIT 25 내가 파워포인트를 못 다뤄서 걱정이야.

다음 대화를 보고 영어로 어떻게 표현할지 생각해 보세요.

대화 주제 같이 일하는 직장 동료와 곧 있을 발표에 관한 이야기를 나누는 상황

A 무슨 생각해?

B 29일에 폴(Paul)이랑 같이 하게 될 발표에 대해 생각하고 있었어.
내가 파워포인트를 못 다뤄서 걱정이야.

A 너 운이 좋다.
폴이 파워포인트를 아주 잘 다루거든.

B 다행이다.
너도 다음 달에 발표 있지 않아?

A 응, 난 4월 10일이야.
아직 시간이 있어서 다음 달부터 슬슬 시작하려고.

영작하기

왼쪽 페이지의 우리말 문장을 하단의 단어를 활용하여 영어로 써 보세요.

A
....

B
....

....

A
....

....

B
....

....

A
....

....

 **활용 단어 & 표현**

발표 presentation　　　　　　　　　　파워포인트 PowerPoint

영작 문장 확인하기

앞에서 작성한 문장에 대해 실제 원어민들이 쓰는 표현을 확인해 보세요.

무슨 생각해?

어색한 표현 What are you **thinking**?

thinking: 무엇에 대해 생각하고 있는지를 물어보려면 뒤에 전치사 about을 붙여 줘야 합니다. 그냥 "What are you thinking?"이라고 하면 "넌 대체 무슨 생각을 하는 거야?", "생각이 있는 거야, 없는 거야?"처럼 다그치는 의미로도 사용될 수 있어 주의해 주세요.

★ **What are you thinking about?**

29일에 폴이랑 같이 하게 될 발표에 대해 생각하고 있었어.

정해져 있는 특정 발표에 대해 대화를 나누는 것이므로 정관사 the를 함께 써야 합니다. '발표를 하다'라는 표현은 give a presentation이라고 하는데, '폴과 같이 할 발표'는 다음처럼 씁니다.

the presentation (that) I am giving with Paul
　　발표　　　　　　　폴과 같이 할

'월'을 표기하지 않고 날짜만 말하면 이번 달 29일을 의미합니다. 그러므로 this month는 생략하고 서수 (29th)로 써 줍니다. 정확하게 몇 번째 날인지 언급되었기 때문에 날짜 앞에 정관사 the를 쓰는 것도 잊지 마세요.

★ I am thinking about the presentation (that) I am giving with Paul on the 29th.

> 내가 파워포인트를 못 다뤄서 걱정이야.

어색한표현 | **I worry about PowerPoint** because I am not good at PowerPoint.

worry: worry는 오늘도 하고 내일도 하는 늘 하는 걱정에 주로 쓰이고, 특정 일이 발생하여 그것 때문에 걱정하는 것은 be worried를 씁니다. 이 문맥에서는 파워포인트를 다루는 문제에 대해 걱정하는 것이므로 be worried가 자연스럽습니다.

about PowerPoint: because 뒤에 '파워포인트를 못 다뤄서'라는 이유가 나오기 때문에, 무엇에 대한 걱정인지 또 언급할 필요가 없습니다.

★ **I am worried because I am not good at PowerPoint.**

> 너 운이 좋다.

다른 사람들보다 좋은 상황에 있는 사람에게 "너 운이 좋다/복이 많다."라고 말하는 표현으로는 "You're lucky."를 많이 씁니다. 대화 중에 마침 상대방이 알면 좋아할 정보를 가지고 있다는 의미로 "운이 좋네."라고 할 때는 "You are in luck."를 사용합니다. 이 문맥에서는 상대방이 폴에 대해 몰랐던 사실을 알려 주는 말이므로 "You're in luck."이 자연스럽습니다.

You have such a beautiful baby! **You are so lucky!** 네 아기 너무 예쁘다. 넌 참 복이 많아.

A: Can we meet at around two o'clock to talk about my project?
교수님, 오늘 제 프로젝트에 대해 말씀 좀 나누고 싶은데, 2시쯤 뵐 수 있을까요?

B: **You're in luck.** My two o'clock meeting was just canceled.
자네 운이 좋구만. 내 2시 회의가 방금 취소됐어.

★ **You're in luck.**

> 폴이 파워포인트를 아주 잘 다루거든.

어색한 표현 Paul can **deal with** PowerPoint very well.

deal with: deal with는 어떤 주제나 문제에 대해 해결하려고 노력할 때 쓰는 표현입니다. 특정 분야나 기술, 행동에 능한 경우 be good at을 쓰세요.

비교 사람이나 물건을 '잘 다룬다'고 할 때는 be good with를 씁니다.

★ **Paul is really good at PowerPoint.**

> 다행이다.

이 문맥에서는 폴이 파워포인트를 잘한다는 (좋은) 소식을 듣고 "다행이다.(이제 파워포인트 걱정은 안 해도 되겠네.)"라고 하는 말이므로 "That's a relief."나 "What a relief."가 자연스럽습니다.

'다행이다'의 다양한 표현

1. **I am glad:** '기쁘다'라는 의미로, 친구가 선물을 받고 좋아할 때 "I am glad you like it.(네가 좋아하니까 다행이다.)"처럼 쓸 수 있습니다.
2. **I am relieved:** 걱정을 하고 있었는데 그 상황이 없어지거나 해결되어 걱정스러운 마음이 사라질 때 하는 표현입니다. '안심이다', '다행이다'라는 의미입니다.
3. **That's a relief:** 걱정거리와 관련된 좋은 소식을 듣고 "그거 다행이네!"라고 말할 때 씁니다. '이제 그 문제에 대해서 고민 안 해도 되겠다' 정도의 의미를 담고 있습니다.
4. **What a relief:** That's a relief에서 기쁜 감정이 강조된 표현입니다.

★ **That's a relief.**
★ **What a relief!**

너도 다음 달에 발표 있지 않아?

"너도 다음 달에 발표 있지 않아?"를 "Don't you have a presentation next month, too?"라는 의문문으로 물어보면 내가 잘 모르거나 헷갈리는 상황에 대해 물어보는 표현, 즉 "너도 다음 달에 발표가 있다고 하지 않았나?"가 됩니다. 대신 평서문으로 말한 후 문장 끝에 부가의문문 don't you?를 붙이면, 내가 알고 있는 정보를 상대방에게 확인하는 뉘앙스가 됩니다. "너도 다음 달에 발표 있지, 그렇지?"라는 뜻이죠. 강한 확신이 있을 때 주로 사용합니다.

 ★ You have a presentation next month too, don't you?

 응, 난 4월 10일이야.

어색한 표현 Yes, mine(=my project) is **10th** in April.

10th in April: 영어에서 날짜를 표현하는 순서는 보통 '월 일 in 년'입니다. 이 대화에서 년은 올해라는 것이 뻔하므로 생략합니다. 서면에서는 날짜를 기수(10)로 쓰지만, 회화에서는 보통 서수(10th)로 말한다는 것도 알아 두세요. 날짜의 전치사 on까지 넣어 말하는 게 정확한 표현입니다.

 ★ Yes, mine is on April 10th.

A 아직 시간이 있어서 다음 달부터 슬슬 시작하려고.

어색한 표현 I still have time, so I **will slowly start** next month.

will slowly start: '슬슬 시작하다'라는 한국말 표현에 정확한 영어 표현은 없습니다. '다음 달에 시작할 것이다'라고 단순하게 이야기하면 됩니다.

start: start는 지속되는 일, 긴 과정의 시작을 지칭할 때 종종 사용됩니다. 단순히 '시작하다'라는 의미만 전달할 때는 get started를 쓰면 되고, 무엇을 준비하는지는 on과 함께 써 주면 됩니다.

원어민들이
쓰는 표현

★ I still have (some) time, so I'll get started on it next month.

실제 원어민들이 쓰는 표현으로 이루어진 대화문을 익혀 보세요.

A What are you thinking about?

B I am thinking about the presentation that I am giving with Paul on the 29th. I am worried because I am not good at PowerPoint.

A You're in luck. Paul is really good at PowerPoint.

B That's a relief. You have a presentation next month too, don't you?

A Yes, mine is on April 10th. I still have some time, so I'll get started on it next month.

UNIT 26

오실 수 있으면 오세요.

다음 대화를 보고 영어로 어떻게 표현할지 생각해 보세요.

 대화 주제 지인을 생일파티에 초대하는 대화

A 다음 주 화요일이 제 생일이라 이번 주 금요일에 파티를 할 예정이에요.
혹시 오실 수 있으면 오세요.

B 아, 그날 제가 친구랑 저녁 약속이 있어서요.
어디에서 파티를 하실 거예요?

A 삼성역 근처에 Ace라는 술집이에요.
파티는 7시부터 시작이에요.

B 오, 저는 5분 거리에 있는 식당에서 저녁을 먹을 예정이에요.
혹시 시간이 되면 잠깐 들를게요.

A 좋아요! 친구도 데리고 오세요.
저희는 저녁 늦게까지 있을 거니까 연락 주세요.

210

영작하기

왼쪽 페이지의 우리말 문장을 하단의 단어를 활용하여 영어로 써 보세요.

A

....

....

B

....

....

A

....

....

B

....

....

A

....

....

 **활용 단어 & 표현**

파티를 열다 throw a party   잠시 들르다 stop by

영작 문장 확인하기

앞에서 작성한 문장에 대해 실제 원어민들이 쓰는 표현을 확인해 보세요.

 다음 주 화요일이 제 생일이라 이번 주 금요일에 파티를 할 예정이에요.

어떤 일을 하기로 '이미 결정한 상태'나 '마음 먹은 일'은 'be going to V'를 씁니다. 단순히 결정된 것을 넘어 그렇게 하기로 이미 다 계획되어 있는 일에는 현재진행형의 형태로 표현합니다. '금요일에 열릴 생일 파티'는 이미 장소 예약을 해놓고 손님도 초대해 놓은 계획이므로 현재진행형의 형태로 씁니다. 뒤에 언제 할 일인지 시간을 같이 써서 현재진행의 의미와 헷갈리지 않게 하세요.

★ Next Tuesday is my birthday, so I am throwing a party this Friday.
★ Next Tuesday is my birthday, so I am having a party this Friday.

 혹시 오실 수 있으면 오세요.

어색한표현 If you can come, come.

If you can come, come: 파티에 올 수 있냐고 묻는 것이므로 간단하게 "Can you come?" 정도로 말하면 됩니다. 좀 더 정중하게 우회적으로 표현하고 싶으면 "(올 수 있을지 모르겠지만) 올 수 있다면 좋겠어요."라고 하여 "I would love it if you could come."이나 "It would be great if you could come." 이라고 표현하면 됩니다.

★ Can you come?
★ I'd love it if you could come.
★ It would be great if you could come.

아, 그날 제가 친구랑 저녁 약속이 있어서요.

어색한 표현 Oh, I have **a dinner appointment** with my friend **that day**.

a dinner appointment: appointment는 '전문가의 서비스를 제공 받는 약속, 예약(병원, 미용실 등)'을 지칭할 때 쓰는 단어입니다. 친구와의 저녁 약속은 그냥 '친구와 저녁을 먹는다'라는 의미로 have dinner with my friend라고 합니다.

that day: 저녁 약속이기 때문에 that day보다 구체적으로 that evening이나 that night라고 써 주는 것이 좋습니다.

★ Oh, I am having dinner with my friend that evening.

어디에서 파티를 하실 거예요?

"그 파티가 어디에서 있을 예정인가요?"라는 의미로 "Where is the party going to be?"라고 물어보는 것이 가장 일반적입니다. 또는 "어디에서 파티를 가질 건가요?"라고 해서 "Where are you having the party?"라고 물어봐도 괜찮습니다.

★ Where is the party going to be?
★ Where are you having the party?

삼성역 근처에 Ace라는 술집이에요.

Where에 대한 대답은 장소의 전치사가 포함이 됩니다.

A: Where do you want to eat? / B: I would like to eat **at McDonald's**.

A: Where were you born? / B: I was born **in Korea**.

따라서 이 문맥에서도 It's a bar가 아니라 It's at a bar라고 대답해야 합니다.

'Ace라는 술집'은 'Ace라고 불리는 술집'이므로, '부르다'라는 뜻의 call의 과거분사 called를 이용해서 표현합니다.

 ★ It's at a bar called Ace, near Samseong Station.

 파티는 7시부터 시작이에요.

어색한 표현 The party **is going to** start **from** seven o'clock.

is going to: 영어에서 '정확한 시간까지 짜여진 일정'은 하나의 사실로 보기 때문에 단순현재시제를 사용합니다. 또는 '이미 계획, 준비가 되어있는 일'에 쓰이는 현재진행형의 형태를 써도 됩니다.

from: from이 시간과 함께 쓰일 때는 전치사 to와 함께 쓰여서, from A to B(A시부터 B시까지)라고 표현됩니다. '파티의 시작'은 7시에 한 번만 하는 것이지 7시부터 계속 시작되는 것이 아니므로 시간의 전치사 at을 써야 합니다.

 ★ The party starts at seven o'clock.
★ The party is starting at seven.

B

> 오, 저는 5분 거리에 있는 식당에서 저녁을 먹을 예정이에요.

어색한 표현 Oh, I am having dinner **in five minutes distance**.

in five minutes distance: '그곳으로부터 5분 먼 곳에 있는'이라는 뜻이므로 전치사 (away) from을 사용해야 합니다. 가깝다는 것를 강조하려면 five minutes 앞에 just나 only를 붙여 주세요.

원어민들이
쓰는 표현

> ★ Oh, I am having dinner just five minutes (away) from there.
> ★ Oh, I am having dinner only five minutes (away) from there.

 B

> 혹시 시간이 되면 잠깐 들를게요.

'잠깐 들르다'라는 표현은 stop by/drop by라고 합니다. '시간이 되면 정말 들르겠다'라는 표현이므로 if 절에는 현재시제를 사용하고, 주절에는 조동사 will을 사용해야 합니다.

원어민들이
쓰는 표현

> ★ If I have time, I will stop by.
> ★ I'll try to stop by.
> ★ I'll stop by if I can.

좋아요! 친구도 데리고 오세요.

어색한 표현 Great! **It's okay to** come with your friend.

It's okay to: "It's okay to ~"라고 하면 친구를 데려와도 된다는 허락의 느낌이 납니다. 친구와 같이 오라는 강한 권유이므로 should를 써서 말하는 것이 자연스럽습니다.

★ Great! You should bring your friend.
★ Great! You and your friend should both come.

저희는 저녁 늦게까지 있을 거니까 연락 주세요.

어색한 표현 We will be there **by** late, so call me.

by: '~까지'의 표현으로 by를 쓰면 그 기한에 어떤 행동을 끝낸다는 뜻입니다. 이 문맥에서는 늦게까지 계속 있을 것을 강조하고 있으므로 until을 써야 합니다.

I will finish my homework **by** 3:00. 나는 3시까지 숙제를 끝낼 거야.

I slept **until** 10:00. 나는 10시까지 잤어.

★ We will be there until late, so call me.

실제 원어민들이 쓰는 표현으로 이루어진 대화문을 익혀 보세요.

A Next Tuesday is my birthday, so I am throwing a party this Friday. I'd love it if you could come.

B Oh, I am having dinner with my friend that evening. Where are you having the party?

A It's at a bar called Ace, near Samseong Station. The party starts at seven o'clock.

B Oh, I am having dinner just five minutes from there. If I have time, I will stop by.

A Great! You should bring your friend. We will be there until late, so call me.

UNIT 27

더 작은 사이즈로도 있나요?

다음 대화를 보고 영어로 어떻게 표현할지 생각해 보세요.

 대화 주제　옷 쇼핑 중에 사이즈가 맞지 않아 다른 사이즈를 물어보는 상황

 A　이 티셔츠 더 작은 사이즈로 있나요?

 B　걸려 있는 게 다예요.
그 티셔츠 맞으실 것 같은데.
혹시 입어 보셨나요?

 A　네, 저한테 좀 커요.
그냥 바지랑 양말만 살게요.

 B　죄송해요. 그게 인기 있는 디자인이라 금방 나갔나 봐요.
32달러입니다.

 A　따로 담아 주시겠어요?
하나는 제가 쓸 게 아니라서요.

영작하기

왼쪽 페이지의 우리말 문장을 하단의 단어를 활용하여 영어로 써 보세요.

A

....

B

....

....

....

A

....

....

B

....

....

A

....

....

영작 문장 확인하기

앞에서 작성한 문장에 대해 실제 원어민들이 쓰는 표현을 확인해 보세요.

 이 티셔츠 더 작은 사이즈로 있나요?

어색한 표현 Do you have **a smaller T-shirt**?

a smaller T-shirt: 더 작은 티셔츠 중 아무거나 달라는 뜻이 됩니다. 내가 원하는 특정 티셔츠에 대해 물어보는 문장이므로, this T-shirt라고 정확하게 원하는 티셔츠를 짚어 주고, 이것이 작은 사이즈로도 있는지는 in a smaller size라고 표현합니다. 짧게는 그냥 in small이라고 해도 됩니다.

★ **Do you have this T-shirt in a smaller size?**
★ **Do you have this T-shirt in small?**

 걸려 있는 게 다예요.

'걸려 있는 것이 무엇이든, 그게 우리가 가진 전부다'라는 뜻으로, 다음과 같이 씁니다.

Whatever is on the rack is everything (that) we have.
<u>　　걸려 있는 것들이　　</u>　　　<u>우리가 가진 전부</u>

Whatever is on the rack is all we have.
<u>　　걸려 있는 것들이　　</u>　　<u>우리가 가진 전부</u>

★ **Whatever is on the rack is everything (that) we have.**
★ **Whatever is on the rack is all we have.**

220

그 티셔츠 맞으실 것 같은데.

어색한표현 That T-shirt **seems** like it **fits** you.

seems: seem은 이런저런 근거들을 바탕으로 받은 인상이나 느낌이 '~한 것 같다'라고 표현하는 동사입니다. 이 문맥에서는 정황상 그런 인상을 받은 것이 아니라, 정말로 맞을 것처럼 눈에 보여서 하는 말이기 때문에 look을 쓰는 것이 자연스럽습니다.

fits: 사실을 이야기하는 현재시제보다는 '그럴 것 같다'라는 어감으로 표현하는 것이 더 자연스럽기 때문에 would를 사용합니다.

★ **That T-shirt looks like it would fit you.**

혹시 입어 보셨나요?

어색한표현 Did you **wear** it?

wear: wear는 옷을 입고 있는 상태를 나타내는 동사입니다. 이 문맥에서는 그 티셔츠를 입었었냐는 뜻이 아니라, 그 티셔츠가 맞는지 안 맞는지 입어 봤냐는 뜻이기 때문에 동사 try를 써야 합니다.

★ **Did you try it on?**

네, 저한테 좀 커요.

어색한 표현 Yes, it is a little big **to** me.

to: 방향을 나타내는 to는 이 문맥에서 어울리지 않습니다. 옷이 크고 작은 것은 사람마다 다 다르게 해당되므로, 대상 하나하나의 특징을 고려해 주는 전치사 for가 자연스럽습니다. 또는 착용의 전치사 on을 써도 괜찮습니다.

★ Yes, it is a little big (for me).
★ Yes, it is a little big (on me).

 그냥 바지랑 양말만 살게요.

어색한 표현 I will just buy **pants and socks**.

pants and socks: 영어에서는 관사가 없으면 아무 바지나 양말을 의미하는 것이 되므로 듣는 사람이 혼동스럽습니다. 쌍방이 알고 있는 바지와 양말이면 the, 가까이 가지고 있으면서 지칭하는 것이면 this(복수일 경우 these)를 이용해서 정확히 어떤 바지, 양말인지 짚어 주세요.

★ I will just buy these pants and socks.

죄송해요. 그게 인기 있는 디자인이라 금방 나갔나 봐요.

어색한 표현 I'm sorry. I think they **were sold** quickly because **they are** popular design.

were sold: 일반적으로 물건이 팔리는 것은 누군가에 의해 억지로 이루어지는 것이 아닙니다. 물건이 좋고 가격이 싸면 스스로 팔리는 것이므로, 이 상황에서는 수동태가 아니라 sell을 씁니다.

they are: 팔린 티셔츠는 여러 장이니까 they라고 쓰지만, 디자인은 하나뿐이므로 it이라고 씁니다.

원어민들이
쓰는 표현

★ I'm sorry. (I think) They sold (out) quickly because it's a popular design.
★ I'm sorry. It's a really popular design, so they sold quickly.

 32달러입니다.

보통 가격을 알려 줄 때는 액수만 이야기하지 않고 That's나 That'll be를 이용해서 금액을 알려 줍니다.

원어민들이
쓰는 표현

★ That's $32.
★ That'll be $32.

따로 담아 주시겠어요?

[어색한표현] Please put them separately.

Please put: 영어에서는 아무리 Please를 붙여도 명령어의 형태는 지시의 어감이 강하기 때문에 상대방에게 무례한 표현이 될 수 있습니다. 부탁은 "Can you ~?", "Could you ~?"라고 씁니다. 뒤에 please를 붙여서 정중함을 더해 줘도 좋습니다.

separately: put them separately하면 단순히 '따로 놓아 달라'는 뜻이 됩니다. 별개의 가방 안에 담아 달라는 말이므로 put them in separate bags라고 해야 합니다. 따로 두 가방에 넣는 것이므로 복수로 말하는 것을 잊지 마세요.

 ★ Could you put them in separate bags, please?

 하나는 제가 쓸 게 아니라서요.

[어색한표현] One is not mine.

One: 그냥 하나가 아니라 둘 중에 하나를 이야기 하는 것이므로 One of them이라고 해야 합니다.

not mine: 실제 소유를 이야기하는 것이 아니라, 누구를 위한 것인지, 누구에게 줄 건지를 나타내는 말이므로 전치사 for를 써야 합니다. 내가 쓸 것이 아니라 선물로 줄 것이라면 "하나는 선물이에요."라고 말해도 됩니다.

 ★ One of them is not for me.
★ One of them is a gift.

실제 원어민들이 쓰는 표현으로 이루어진 대화문을 익혀 보세요.

A Do you have this T-shirt in small?

B Whatever is on the rack is everything we have.
That T-shirt looks like it would fit you.
Did you try it on?

A Yes, it is a little big for me. I will just buy these pants
and socks.

B I'm sorry. They sold out quickly because it's a
popular design. That's $32.

A Could you put them in separate bags, please?
One of them is not for me.

UNIT 28
한국에는 어떻게 오게 되신 거예요?

다음 대화를 보고 영어로 어떻게 표현할지 생각해 보세요.

대화 주제

한국에서 살고 있는 외국인 친구에게 한국살이에 대해 물어보는 대화

A 한국에 사신 지 얼마나 되셨어요?

B 일 년 가까이 됐어요.

A 한국에는 어떻게 오게 되신 거예요?

B 아시아 국가에서 살아 보고 싶어서 한국에서 일자리를 구하게 됐어요.

A 한국에 사니까 어떠세요?

B 사람들도 친절하고 대중교통도 잘 되어 있어서 돌아다니기 정말 편해요. 살기에 참 좋은 나라 같습니다.

A 한국에 계시는 동안 좋은 추억 많이 만드시면 좋겠네요.

영작하기

왼쪽 페이지의 우리말 문장을 하단의 단어를 활용하여 영어로 써 보세요.

Ⓐ

....

Ⓑ

....

Ⓐ

....

Ⓑ

....

....

Ⓐ

....

Ⓑ

....

....

Ⓐ

....

 **활용단어&표현**

대중교통 public transportation   추억 memory

영작 문장 확인하기

앞에서 작성한 문장에 대해 실제 원어민들이 쓰는 표현을 확인해 보세요.

 한국에 사신 지 얼마나 되셨어요?

"한국에 사신지 얼마나되셨어요?"의 다양한 표현

한국에 도착한 시점부터 현재까지 얼마나 됐냐는 뜻이므로, 과거와 현재를 이어 주는 현재완료형을 씁니다.

1 **How long have you lived in Korea?**

2 **How long have you been living in Korea?:** 동작의 완성 없이 상태가 지속되는 live와 같은 동사는 진행형으로 써도 의미가 비슷합니다.

3 **How long have you been in Korea?:** live 대신 '지내다'라는 의미가 있는 be를 써도 됩니다.

★ How long have you lived in Korea?
★ How long have you been living in Korea?
★ How long have you been in Korea?

 일 년 가까이 됐어요.

어색한 표현 It's close to one year.

It's: 한국에 도착해서 지금까지 쭉 있어 온 기간이 일 년 정도 된 것이므로, 과거와 현재를 이어 주는 현재완료형을 쓰세요. 그냥 현재시제로 쓴다면 뒤에 now를 넣어서 '지금은 거의 일 년 가까이 된 상태'라고 현재의 상태를 말하면 됩니다.

be close to: be close to는 거리가 가까울 때 쓰는 표현으로, 시간을 나타내는 이 문맥에서는 어색합니다. '거의'라는 의미로 부사 almost나 nearly를 써서 표현하면 됩니다.

★ It has been almost one year.
★ It is nearly one year now.

228

A 한국에는 어떻게 오게 되신 거예요?

어색한표현 **How** did you come to Korea?

How: "How did you come to Korea?"라고 하면, 이유가 아니라 오게 된 방법을 물어보는 질문이 됩니다. 따라서 "뭘 타고 오셨어요?"라는 질문이 되죠. 이유의 의문사 Why를 써서 물어보는 게 좋습니다.

이유를 주어로 써서 "What made you ~?(무엇이 당신을 ~하게 만들었나요?)"라고 표현할 수 있습니다.

원어민들이 쓰는 표현

★ Why did you come to Korea?
★ What made you come to Korea?

B 아시아 국가에서 살아 보고 싶어서

어색한표현 **I've wanted** to live in **Asian country**, and

I've wanted: 과거에서부터 지금 현재까지 쭉 원했던 것이 아니라, 한국에 오기 전에 '아시아 국가에서 살아 보고 싶었던' 과거의 사실을 언급하는 것이므로 그냥 과거시제를 쓰면 됩니다.
Asian country: 아시아 국가들 중 하나를 지칭하는 것이므로 부정관사 a(n)를 잊지 마세요. 한국말에 없는 관사 개념은 실수했을 때 소통에 문제가 생길 수 있으므로 관사의 사용에 주의하세요.

영어에서는 '아시아 나라에서의 삶을 경험해 보고 싶었다'라고 하여 "I wanted to experience life in an Asian country."라고도 씁니다.

원어민들이 쓰는 표현

★ I wanted to live in an Asian country, and
★ I wanted to experience life in an Asian country, and

B 한국에서 일자리를 구하게 됐어요.

'직장을 구하다'의 표현 차이

look for: 찾고자 하는 대상을 위해 두리번거리면서 찾아보는 동작입니다. 따라서 일자리를 구하기 위해 여기저기 둘러보고 알아보는 구직 활동에는 look for를 씁니다.

find: 찾고자 하는 대상을 손에 넣는, 찾아내는 의미의 동사입니다. 따라서 일자리를 정말로 구했을 때는 find를 사용하면 됩니다.

get: '일자리를 구했다'라고 말할 때 쓰는 동사입니다. get a job 뒤에는 일하게 된 장소가 종종 나옵니다.

I **got** a job at a bank. 나 은행에 일자리를 구했어.

 원어민들이 쓰는 표현 ★ I found a job in Korea.

 A 한국에 사니까 어떠세요?

어색한 표현 **What/How about** living in Korea?

What/How about: "What/How about ~?"은 "~은 어때?" 하고 어떤 아이디어를 제안할 때 쓰는 표현입니다. 여태까지 한국에 살면서 느낀 점을 물어볼 때는 "How do you like ~?"나 "What do you think of ~?" 정도로 물어보면 됩니다.

 원어민들이 쓰는 표현 ★ How do you like (living in) Korea so far?
★ What do you think of Korea so far?

사람들도 친절하고 대중교통도 잘 되어 있어서 돌아다니기 정말 편해요.

어색한 표현 People are very kind, and it's **comfortable** to **go anywhere** because of the great public transportation.

comfortable: comfortable은 몸이 편할 때 쓰는 표현입니다. convenient는 '어떤 물건이나 대상이 사용하기 편리하다'라고 할 때 쓰는 표현이므로, '한국 대중교통이 편리하다'라고 할 때는 convenient를 쓰는 것이 적합합니다. 하지만 이 문맥에서는 '돌아다니는 것이 쉽다'라는 뜻이므로, easy를 쓰는 것이 더 자연스럽습니다.

go anywhere: go anywhere는 '아무 곳이나 가다'라는 뜻입니다. '이곳저곳 목적지를 돌아다니는 것'은 get around를 쓰는 것이 좋습니다.

비교 walk around는 운동 삼아 여기저기 걸어 다닐 때 주로 쓰입니다.

'교통수단이 잘 되어 있어서'라는 표현은 because of the great public transportation이라고 해도 되고, because Korea has great public transportation이라고 해도 됩니다.

★ People are very kind, and it's easy to get around because of the great public transportation.
★ People are very kind, and it's easy to get around because Korea has great public transportation.

> 살기에 참 좋은 나라 같습니다.

어색한표현 I think it's a good country **to live**.

to live: '좋은 나라에서 산다'라고 할 때 live in a good country라고 합니다. 그러므로 '살기에 좋은 나라'라고 할 때도 live 뒤에 전치사 in을 꼭 써야 합니다.

비교 place는 예외적으로 뒤에 전치사가 생략됩니다. a place to live라고 쓰면 됩니다.

> ★ I think (that) it's a good country to live in.
> ★ I think (that) it's a good place to live.

> 한국에 계시는 동안 좋은 추억 많이 만드시면 좋겠네요.

어색한표현 I hope you make lots of good memories **during staying** here.

during: during은 전치사로 보통 뒤에 일반 명사와 쓰이기 때문에 Ving 형태는 어색합니다. during 대신 while을 써야 합니다.

staying: stay는 보통 '잠시 머물 때' 쓸 수 있는 동사입니다. 직장까지 구해서 한국에서 생활하는 상황에는 어울리지 않습니다. 생활을 하면서 지내는 의미로는 living here나 you are here라고 쓰는 것이 자연스럽습니다.

> ★ I hope you make lots of good memories while you are here.
> ★ I hope you make lots of good memories while living here.

실제 원어민들이 쓰는 표현으로 이루어진 대화문을 익혀 보세요.

A How long have you lived in Korea?

B It has been almost one year.

A What made you come to Korea?

B I wanted to live in an Asian country, and I found a job in Korea.

A How do you like living in Korea so far?

B People are very kind, and it's easy to get around because of the great public transportation.
I think that it's a good country to live in.

A I hope you make lots of good memories while you are here.

UNIT 29
경주에 가 보시는 걸 추천해요.

다음 대화를 보고 영어로 어떻게 표현할지 생각해 보세요.

 대화 주제 인사동을 구경한 외국인 친구에게 소감을 물어보고
경주 여행을 추천하는 대화

 지금까지 인사동 어떠셨나요?

 작은 가게들을 구경하는 게 재미있었어요.

 재미있었다니 다행이에요.

 제가 다른 문화에 관심이 많거든요.

 그렇다면 한국에 계시는 동안 경주에 가 보시는 걸 추천해요.
유적지가 많은 곳으로 유명해요.

 여기서 가까운가요?

 아니요, 가는 데 기차로 4시간 정도 걸려요.

 좀 멀지만 시간이 된다면 꼭 가 보고 싶네요.

 좋아하실 거예요. 외국인 관광객들에게 인기가 많은 곳이에요.

영작하기

왼쪽 페이지의 우리말 문장을 하단의 단어를 활용하여 영어로 써 보세요.

Ⓐ
....

Ⓑ
....

Ⓐ
....

Ⓑ
....

Ⓐ
....

....

Ⓑ
....

Ⓐ
....

Ⓑ
....

Ⓐ
....

활용 단어 & 표현

인사동 Insa-dong

강력히 추천하다 recommend

외국인 관광객 foreign tourist

작은 가게 shop(store는 규모가 큰 가게)

유적지 historic site

앞에서 작성한 문장에 대해 실제 원어민들이 쓰는 표현을 확인해 보세요.

> 지금까지 인사동 어떠셨나요?

어색한 표현 How was Insa-dong so far?

How was: "How is ~?"라는 표현은 안부를 물어볼 때 많이 사용되는 형태입니다. 구경하면서 느낀 점을 물어볼 때는 "How do you like ~?" 혹은 "What do you think of ~?"라고 표현합니다.

> ★ How do you like Insa-dong so far?
> ★ What do you think of Insa-dong so far?

> 작은 가게들을 구경하는 게 재미있었어요.

어색한 표현 It's **funny** to **look around shops**.

funny: funny는 '웃긴'이라는 형용사입니다. '재미있는'이라는 표현은 fun을 쓰세요. fun 뒤에는 to부정사와 동명사를 모두 쓸 수 있습니다.

look around shops: look around the shop은 '가게 안에 들어가서 여기저기 둘러보다'라는 뜻입니다. 쇼핑 구역에 있는 '그' 가게들을 이야기하는 것이므로 the를 꼭 써 주세요. 길을 걸어가면서 가게들을 구경하는 것은 look around at the shops라고 합니다.

> ★ It's fun to look around the shops.
> ★ It's fun looking around the shops.

재미있었다니 다행이에요.

I'm relieved it's fun.

I'm relieved: I'm relieved는 걱정하던 일이 해결되어 '다행이다'라고 할 때 사용됩니다. 이 문맥에서는 상대방이 재미있다고 하니까 '좋다', '기쁘다'라는 의미이므로 I am glad나 I am happy를 쓰는 것이 자연스럽습니다.

it's fun: 상대방이 재미있어 하는 것은 인사동에서 좋은 시간을 보내고 있는 것이므로 you are having a good time, you are having fun, you are enjoying yourself 등으로 표현해야 합니다.

★ I am glad/happy you are having fun.
★ I am glad/happy you are having a good time.
★ I am glad/happy you are enjoying yourself.
★ I am glad/happy to hear that.

제가 다른 문화에 관심이 많거든요.

interest는 '~의 관심을 끌다'라는 타동사입니다. 내가 관심이 끌린 상태나 관심을 느끼게 된 상태를 강조하려면, 수동태 형태로 써야 합니다. '관심'이라는 것은 어떤 분야에 대해 생기는 호기심, 더 알고 싶은 마음이므로 '분야', '영역'을 나타내는 전치사 in을 씁니다.

★ I am very interested in different cultures.
★ I am very interested in other cultures.

영작 문장 확인하기

그렇다면 한국에 계시는 동안 경주에 가 보시는 걸 추천해요.

어색한 표현 Then I **recommend you to visit** Gyeongju while you are in Korea.

recommend you to visit: recommend는 목적어 뒤에 동작이 올 때 항상 동사원형의 형태를 씁니다.
I **recommended** Jisu **take** Selley's class. 지수에게 셸리 선생님의 수업을 들으라고 추천했어.

★ Then I recommend (that) you visit Gyeongju while you are in Korea.

유적지가 많은 곳으로 유명해요.

어색한 표현 It's **famous for** many historic sites.

be famous for: '~로 유명하다'라는 것은 그것의 고유의 특징과 특색으로 유명한 것이므로, be famous for 뒤에 반드시 소유격이 나와야 합니다. 이 문맥에서는 경주만의 많은 유적지로 유명한 것이므로 its many historic sites라고 쓰면 됩니다.

★ It's famous for its many historic sites.

238

B 여기서 가까운가요?

Is it **close from** here?

close from: '가까운'이라는 형용사 close는 전치사 to와 짝으로 쓰입니다. 반면 '먼'이라는 형용사 far 는 항상 전치사 from과 짝이라는 것도 알아 두세요.

원어민들이
쓰는 표현

★ **Is it close to here?**

 A 아니요, 가는 데 기차로 4시간 정도 걸려요.

No, it takes about four hours **to go there** by train.

to go there: 단순히 경주까지 가는 동작을 나타내는 것이 아니라 경주까지 도착하는 데 4시간이 걸린 다는 뜻입니다. 따라서 '목적지까지 도착하다'라는 동사 get to가 자연스럽습니다. there와 here는 전치 사 to가 생략됩니다.

'by 교통수단'에는 관사를 붙이지 않는다는 것도 알아 두세요.

원어민들이
쓰는 표현

★ **No, it takes about four hours to get there by train.**

영작 문장 확인하기

> 좀 멀지만 시간이 된다면 꼭 가 보고 싶네요.

if I have (the) time: '시간이 된다면'이라는 표현은 if I have time이라고 써도 되고, 다녀올 '그' 시간이라고 특정하여 if I have the time이라고 해도 됩니다.

would like to: 반드시 갈 계획이 있을 때는 현재시제를 써도 되지만, 좀 더 우회적으로 '가능하다면', '여건이 된다면'의 뉘앙스를 표현하려면 would like to를 쓰는 게 좋습니다.

definitely: 동사에 '꼭'이라는 강조 표현을 넣고 싶으면 definitely를 사용하면 됩니다.

★ It's a little far, but if I have (the) time, I'd definitely like to go there.

> 좋아하실 거예요. 외국인 관광객들에게 인기가 많은 곳이에요.

어색한 표현 You **will** like it. It's very **popular to** foreign tourists.

will: will은 반드시 일어날 일이라고 믿을 때 쓰는 조동사입니다. 정말 경주에 갈 수 있을지 잘 모르는 상황에서 will은 어울리지 않습니다. 과거시제 would로 바꿔서 말하는 사람의 확신을 조금 낮춰 주는 것이 자연스럽습니다.

popular to: 한국말로는 '~에게 인기가 많다'라고 해석되지만, 영어에서 popular는 '~ 사이에서 인기가 많다'라는 의미로 among이나 with와 짝으로 쓰입니다.

★ You would like it. It's very popular among foreign tourists.
★ You would like it. It's very popular with foreign tourists.

240

실제 원어민들이 쓰는 표현으로 이루어진 대화문을 익혀 보세요.

A How do you like Insa-dong so far?

B It's fun to look around the shops.

A I am glad you are having a good time.

B I am very interested in other cultures.

A Then I recommend you visit Gyeongju while you are in Korea. It's famous for its many historic sites.

B Is it close to here?

A No, it takes about four hours to get there by train.

B It's a little far, but if I have time, I'd definitely like to go there.

A You would like it. It's very popular among foreign tourists.

UNIT 30

혹시 이 근처에 괜찮은 식당이 있나요?

다음 대화를 보고 영어로 어떻게 표현할지 생각해 보세요.

 대화 주제 외국인 관광객에게 괜찮은 식당을 추천해 주는 상황

 A
죄송한데, 뭐 좀 여쭤봐도 될까요?
저희가 여기에 놀러 왔는데요.
혹시 이 근처에 괜찮은 식당이 있나요?

 B
어떤 음식을 좋아하시는지에 따라 달라요.
이 근처에 코엑스가 있어요.
어디에 있는지 아세요?

 A
네, 이따가 가려고 했어요.

 B
거기서 맘에 드실 만한 데를 찾으실 수 있을 거예요.
그곳의 식당 음식들은 웬만하면 다 맛있어요.

 A
그럼 거기로 가야겠네요. 정말 감사합니다.

왼쪽 페이지의 우리말 문장을 하단의 단어를 활용하여 영어로 써 보세요.

Ⓐ

....

....

....

Ⓑ

....

....

....

Ⓐ

....

Ⓑ

....

....

Ⓐ

....

활용 단어 & 표현

~에 따라 다르다, 달려 있다 depend on ~   코엑스 COEX Mall

영작 문장 확인하기

앞에서 작성한 문장에 대해 실제 원어민들이 쓰는 표현을 확인해 보세요.

 죄송한데, 뭐 좀 여쭤봐도 될까요?

[어색한 표현] Excuse me, but **can I ask you something?**

can I ask you something?: "Can I ask you something?"은 마치 개인적인 질문을 하는 것으로 오해받을 수 있는 표현입니다. 길을 물어보거나 장소를 물어볼 때는 "I'm sorry to bother you." 정도로 주의를 끈 후 물어보면 됩니다.

 ★ Excuse me, I'm sorry to bother you.

 저희가 여기에 놀러 왔는데요.

[어색한 표현] We came here for fun.

We came here for fun: '놀러 왔다'라는 말은 그 지역에 사는 사람이 아니라 잠깐 방문한 것이라는 뜻입니다. "We came here for fun."이라고 하면 '재미로 여기에 왔다'라는 어색한 표현이 되므로, "We are (just) visiting here."나 "We are tourists." 정도로 말하는 것이 자연스럽습니다.

 ★ We are (just) visiting here.
★ We are tourists.

244

혹시 이 근처에 괜찮은 식당이 있나요?

어색한 표현 Is there any good restaurant around here?

Is there: there is/are는 '존재하다'라는 의미로, "Is there any good restaurant around here?" 하면 "여기에 좋은 식당이라는 게 존재하나요?"라는 어색한 문장이 됩니다. "~을 알려 주실 수 있나요?"라는 의미로 "Could you tell ~?"이라고 하거나, "~을 혹시 알고 계시나요?"라고 해서 "Do you (happen to) know ~?"라고 하는 것이 자연스럽습니다. happen to를 넣으면 '혹시라도'라는 어감이 강조됩니다.

★ Could you tell us if there are any good restaurants around here?
★ Do you (happen to) know if there are any good restaurants around here?

 어떤 음식을 좋아하시는지에 따라 달라요.

어색한 표현 It depends on **what food** you like.

what food: food는 한국 음식, 중국 음식, 이탈리아 음식 등 여러 종류의 카테고리를 담고 있는 명사이기 때문에 그냥 what food라고 쓰지 않고 kind(종류)를 사용하여 what kind of food로 써야 합니다. 실제 회화에서 depend 뒤에 what 같은 의문사가 나오면 종종 전치사를 생략해서 말하기도 합니다.

★ It depends (on) what kind of food you like.

> 이 근처에 코엑스가 있어요.

어색한표현 **There is** COEX Mall near here.

There is: '~라는 것이 있다'라는 there is/are는 보통 뒤에 고유명사와 함께 쓰이지 않습니다. 그냥 COEX Mall을 주어로 쓰면 됩니다.

'이 근처에'라는 표현은 전치사로 near here, around here라고 써도 되고, 형용사인 nearby로 표현해도 됩니다. 다만 nearby는 뒤에 명사가 따라오지 않습니다.

> ★ COEX Mall is near here.
> ★ COEX Mall is around here.
> ★ COEX Mall is nearby.

> 어디에 있는지 아세요?

어색한표현 Do you know **where is it**?

where is it: 의문문의 도치가 이미 Do you know에서 일어났기 때문에 where it is로 써야 합니다. 회화에서 알면서도 많이 실수하는 표현이므로 입에 붙도록 연습하세요. where it is라고 해도 되고, where that is로 앞서 말한 것을 다시 짚어서 언급해도 됩니다.

> ★ Do you know where that is?
> ★ Do you know where it is?

A 네, 이따가 가려고 했어요.

'가려고 했다'라는 뜻의 다양한 표현

1 **were going to go:** 과거의 계획에 대해 이야기하는 것이므로 are going to의 과거로 were going to를 쓰면 됩니다.

2 **were planning to go:** '갈 계획이었다'라고 해서 plan을 사용해도 됩니다.

★ Yes, we were going to go there later.
★ Yes, we were planning to go there later.

B 거기서 맘에 드실 만한 데를 찾으실 수 있을 거예요.

[어색한 표현] You **can** find **a restaurant that you like** there.

can: can을 쓰면 정말 찾을 수 있을 것 같은 확신으로, 어감이 강하게 느껴집니다. should be able을 써서 '찾을 수 있을 것 같다'로 어감을 부드럽게 해 주는 것이 자연스럽습니다.

a restaurant that you like: '마음에 드실 만한 식당'을 원어민들은 그냥 a good restaurant 정도로 간단하게 표현합니다.

★ You should be able to find a good restaurant there.

그곳의 식당 음식들은 웬만하면 다 맛있어요.

웬만하면 다 맛있다는 것은 '대부분의 식당이 다 괜찮다'라는 뜻이므로, '대부분의'라는 뜻의 Most of나 Almost all로 표현하면 됩니다.

★ Most of the restaurants there are good.
★ Almost all the restaurants there are good.

그럼 거기로 가야겠네요. 정말 감사합니다.

식당 추천에 대한 답이므로 "거기로 가 봐야겠어요."라고 해도 되고, "거기서 먹어야겠네요."라고 해도 됩니다.

★ Then we should eat there. Thank you so much.
★ Then we should go there. Thank you so much.

실제 원어민들이 쓰는 표현으로 이루어진 대화문을 익혀 보세요.

A Excuse me, I'm sorry to bother you. We are just visiting here. Could you tell us if there are any good restaurants around here?

B It depends on what kind of food you like.
COEX Mall is near here. Do you know where that is?

A Yes, we were going to go there later.

B You should be able to find a good restaurant there.
Most of the restaurants there are good.

A Then we should eat there. Thank you so much.

UNIT 31

별거 아니지만 선물이에요.

다음 대화를 보고 영어로 어떻게 표현할지 생각해 보세요.

 대화 주제 외국인 친구를 집에 초대해서 대화를 하는 상황

 A 여기까지 와 주셔서 감사합니다.

 B 초대해 주셔서 감사하죠.
집이 정말 아늑하네요.

 A 감사합니다. 죄송하지만 신발을 벗어 주실 수 있을까요?
원하시면 문 옆에 있는 슬리퍼를 신으시면 돼요.

 B 네, 이건 별거 아니지만 선물이에요.

 A 이러실 필요 없는데. 감사합니다.
편하게 계세요.
마실 것 좀 드릴까요? 맥주, 와인, 주스가 있어요.

 B 주스가 좋겠네요.
차를 가져와서요.

영작하기

왼쪽 페이지의 우리말 문장을 하단의 단어를 활용하여 영어로 써 보세요.

A

....

B

....

....

A

....

....

B

....

A

....

....

....

B

....

....

활용 단어 & 표현

초대하다 invite   아늑한 cozy

(옷, 신발 등)을 벗다 take off   (옷, 신발 등)을 신다 put on

251

영작 문장 확인하기

앞에서 작성한 문장에 대해 실제 원어민들이 쓰는 표현을 확인해 보세요.

> 여기까지 와 주셔서 감사합니다.

어색한 표현 Thank you for coming **here**.

here: 많이 쓰는 표현일수록 굳어진 형태로 쓰이는 경우가 많습니다. 원어민들은 보통 "와 주셔서 감사합니다."라고 할 때 here 없이 "Thanks for coming." 하고 말합니다. '여기까지'를 넣어 "먼 길 와 주셔서 감사합니다."라는 뉘앙스를 넣고 싶으면 부사 all the way를 here 앞에 넣어 줍니다.

> ★ Thanks for coming.
> ★ Thanks for coming all the way here.

> 초대해 주셔서 감사하죠.

어색한 표현 Thank you for **inviting**.

inviting: invite는 타동사이므로 목적어가 뒤에 따라 나와야 합니다. 그래서 "Thank you for inviting me."라고 해야 합니다. 초대에 대한 감사 표현으로 "Thank you for the invitation."이라는 표현도 있지만, 너무 formal하므로 지인 집에 초대 받았을 때 사용하기에는 어색합니다. 굳어진 표현으로 "Thank you for having me over."도 있으니 알아 두세요.

> ★ Thank you for inviting me.
> ★ Thank you for having me over.

집이 정말 아늑하네요.

cozy는 크거나 화려하진 않지만 따뜻하고 '아늑한 공간'에 쓰는 형용사입니다. 보통 집의 외관을 칭찬할 때에는 house를 사용하고, 집 안에 꾸며진 것을 말할 때는 home을 씁니다. 단순히 '집이 아늑하다'라고 표현할 수도 있고, look을 써서 '아늑하게 보인다'라고 표현할 수도 있습니다.

> ★ Your house is really cozy.
> ★ Your house looks so cozy.
> ★ I love how cozy your home is.
> ★ You have such a cozy home.

감사합니다. 죄송하지만 신발을 벗어 주실 수 있을까요?

어색한 표현 Thank you, I'm sorry, but **can you take off your shoes?**

can you take off your shoes?: 신발을 벗어 달라는 부탁은 상대방에게 실례가 될 수도 있으므로, "Can you ~?"보다 더 우회적이고 조심스러운 표현을 사용해야 합니다.

"~해 주실 수 있을까요?"의 다양한 표현

1 **Would you mind Ving?**

2 **Would it be okay if I ask/asked you to V?**

3 **Can I (just) ask you to V?**

> ★ Thank you. I'm sorry, but would you mind taking off your shoes?
> ★ Thank you. I'm sorry, but would it be okay if I ask/asked you to take off your shoes?
> ★ Thank you. I'm sorry, but can I (just) ask you to take off your shoes?

영작 문장 확인하기

> 원하시면 문 옆에 있는 슬리퍼를 신으시면 돼요.

어색한 표현 If you want, you can put on **the slippers** next to the door.

the slippers: 자칫하면 "슬리퍼를 문 옆에서 신으세요."라는 뜻으로 오해할 수 있습니다. 따라서 슬리퍼를 정확히 가리키면서 those slippers라고 표현하여 "문 옆에 있는 '저' 슬리퍼를 신으세요."라고 하는 것이 자연스럽습니다.

★ If you want, you can put on those slippers next to the door.

> 네, 이건 별거 아니지만 선물이에요.

우리는 선물을 줄 때 겸손한 표현으로 "별거 아니지만 선물입니다."라는 말을 하는데, 영어로는 "당신을 위한 작은 선물을 가져왔어요."라고 표현합니다. 실제 회화에서 '생일 선물'을 지칭할 때는 present와 gift를 둘 다 쓰지만, 그 이외의 선물에는 gift가 더 일반적으로 쓰입니다.

★ Sure, I brought a little/small gift for you.

> 이러실 필요 없는데. 감사합니다.

어색한 표현 You **don't** need to do that. Thank you.

don't: 이미 선물을 사 왔기 때문에 과거시제로 didn't를 쓰세요.

★ You didn't need/have to do that. Thank you.

A 편하게 계세요.

어색한표현 Take it easy.

Take it easy: "Take it easy."는 상대방을 진정시킬 때 쓰는 표현입니다. 집에 온 손님에게 "편하게 계세요."라고 할 때는 "Make yourself at home.(집에 있는 것처럼 계세요.)"이라고 쓰면 됩니다.

★ **Make yourself at home.**

 A 마실 것 좀 드릴까요? 맥주, 와인, 주스가 있어요.

어색한표현 Would you like something to drink? **There are** beer, wine, juice.

There are: 어떤 존재가 있음을 소개하는 것이 아니라 우리 집에 있는, 내가 가지고 있는 마실 것을 알려주는 것이므로 We have를 써야 합니다. 간단하게 beer, wine, and juice를 문장에 덧붙여도 됩니다. 음료를 권할 때 a drink는 보통 '술 한 잔'을 의미합니다. '마실 것'은 something to drink로 표현해야 합니다.

마실 것을 권할 때의 다양한 표현

1 **Would you like to drink something?**
2 **What can I get you to drink?**
3 **Can I get you a drink?**

★ **Would you like something to drink? We have beer, wine, and juice.**

> ## 주스가 좋겠네요.

어색한 표현 I would like some juice.

I would like some juice: 이 문장은 식당에서 주문할 때 많이 사용하는 표현입니다. 지인의 제안에 대해 대답할 때는 "Juice would be great/fine."이나 "Juice is good/fine." 또는 "Juice sounds good."이라고 하면 됩니다.

> ★ (Some) Juice would be great/fine.
> ★ (Some) Juice is good/fine.
> ★ (Some) Juice sounds good.

> ## 차를 가져와서요.

어색한 표현 I brought my car.

I brought my car: 영어에서는 '차 가지고 왔다', '차를 가지고 간다'를 bring이나 take를 쓰지 않고 drive를 씁니다. "I drove here."나 "I have to drive."로 표현하세요.

> ★ I drove here.
> ★ I have to drive.

실제 원어민들이 쓰는 표현으로 이루어진 대화문을 익혀 보세요.

A Thanks for coming all the way here.

B Thank you for inviting me. Your house is really cozy.

A Thank you. I'm sorry, but would you mind taking off your shoes? If you want, you can put on those slippers next to the door.

B Sure. I brought a little gift for you.

A You didn't have to do that. Thank you. Make yourself at home. Would you like something to drink?
We have beer, wine, and juice.

B Juice would be great. I drove here.

저기 보이는 제일 높은 건물이에요.

다음 대화를 보고 영어로 어떻게 표현할지 생각해 보세요.

 대화 주제 길을 헤매고 있는 외국인에게 길을 알려 주며 대화를 나누는 상황

 A 실례합니다, 이 빌딩으로 가려면 어디로 가야 하나요?
(핸드폰을 보여 주며) 이 근처 어디라고 나오는데요.

 B 저기 보이는 제일 높은 건물이에요.
(BTS 티셔츠를 보며) BTS 팬이신가 봐요.

 A 네, BTS 때문에 한국에 여행 왔어요.

 B 한국은 처음이신가요?

 A 네, 10일 계획으로 왔어요.
혼자 다니기가 쉽지 않네요.

 B 와, 용감하시네요. 전 혼자 미국 여행 못 할 것 같아요.

영작하기

왼쪽 페이지의 우리말 문장을 하단의 단어를 활용하여 영어로 써 보세요.

Ⓐ

Ⓑ

Ⓐ

Ⓑ

Ⓐ

Ⓑ

 **활용 단어 & 표현**

혼자서 by oneself   용감한 brave

앞에서 작성한 문장에 대해 실제 원어민들이 쓰는 표현을 확인해 보세요.

> ### 실례합니다, 이 빌딩으로 가려면 어디로 가야 하나요?

'목적지에 도달하다'라는 표현은 'get to+목적지'의 형태를 많이 씁니다. 따라서 "목적지까지 어떻게 가나요?"는 "How do I get to this building?"이라고 물어봅니다. 좀 더 공손하고 우회적인 표현을 위해서는 앞에 Could you tell me를 붙여 줍니다. 또한 "Where is this building?"에 Could you tell me를 붙여서 공손한 뉘앙스를 줄 수 있습니다.

> ★ Excuse me, could you tell me how to get to this building?
> ★ Excuse me, could you tell me where this building is?

> ### 이 근처 어디라고 나오는데요.

says: 영어에서는 보통 어떤 정보를 그대로 전달할 때 say라는 동사를 사용합니다. 예를 들어, 핸드폰에 나와 있는 정보를 전달할 때 My phone says라고 말하면 됩니다.

should be: '그 건물이 여기 어딘가에 있다'라는 표현에서 조동사 should를 쓰면 '이 근처에 있어야 한다', 즉 '이 근처에 있는 것이 정상이다'라는 뉘앙스를 줄 수 있습니다.

somewhere: 이 근처 '어딘가'를 강조하려면 around나 near 앞에 somewhere를 붙여 주면 됩니다.

> ★ My phone says it should be somewhere near here.

B 저기 보이는 제일 높은 건물이에요.

It's **that tallest** building (that) you can see.

that: that은 정확히 대상을 짚어 주고, 그것을 보면서 하는 말이므로 you can see를 또 쓸 필요가 없습니다. '저기'라는 거리감을 표현하기 위해 (right) over there라는 부사를 종종 함께 씁니다.

tallest: 또한 that이라는 지시대명사는 '이것'과 '저것'을 구분해 주는 말입니다. 반면 최상급인 tallest는 '가장 높은 것 하나'만을 의미하는 말이므로, '이것'과 '저것'을 나누는 this나 that과 함께 쓸 수 없습니다. 따라서 최상급 대신 that (really) tall building(저기 진짜 높은 빌딩)이라고 말하면 됩니다.

원어민들이 쓰는 표현

★ It's that (really) tall building (right) over there.

B BTS 팬이신가 봐요.

You **look like** a BTS fan.

look like: look like를 쓰면 '생김새가 그렇게 생겼다', '그렇게 보인다'라는 뜻이 되어 '마치 BTS 팬처럼 생겼다'처럼 들립니다. 이 문맥에서는 BTS 티셔츠를 입은 것을 보고 BTS 팬일 것이라는 추측을 한 것입니다. 타당한 근거에 따른 논리적인 추측과 판단에는 조동사 must를 쓰세요.

원어민들이 쓰는 표현

★ You must be a BTS fan.

영작 문장 확인하기

네, BTS 때문에 한국에 여행 왔어요.

어색한 표현 Yes, I **traveled** Korea **for** BTS.

traveled: travel은 대표적인 자동사로, 뒤에 명사를 붙이려면 전치사가 쓰여야 합니다. 이 문맥에서는 한국으로 여행 온 것이니까 traveled to Korea라고 하면 됩니다. 이 표현 말고도 came to Korea, came here라는 표현도 괜찮습니다.

for BTS: 'BTS 때문에 왔다'라고 하면 for가 떠오를 수 있는데, for를 쓰면 마치 BTS가 나를 필요로 해서 와 준 것 같은 뉘앙스입니다. 이 문맥에서는 그냥 because of를 쓰는 것이 자연스럽습니다.

★ Yes, I traveled to Korea because of BTS.
★ Yes, I came here because of BTS.

한국은 처음이신가요?

어색한 표현 **Is it** **the first time** **to come to Korea**?

Is it: "이번이 처음인가요?"라는 뜻이므로 "Is this ~?"라고 써야 합니다.
the first time: '당신에게 처음'인지 묻는 것이므로 your first time이라고 말해야 합니다.
to come to Korea: '한국에 오는 동작'이 아니라 '한국에 있는' 것을 묻는 표현이므로 in Korea만 붙여서 씁니다.

★ Is this your first time in Korea?

262

네, 10일 계획으로 왔어요.

'~할 계획이다'라는 표현으로 plan이 생각날 수 있습니다. 하지만 plan은 정해진 일이 아니라 계획 중의 일이므로 얼마든지 변경될 수 있다는 의미가 내포된 표현입니다. 여행을 갈 때는 이미 비행기 표와 일정이 정해진 상태로 움직이기 때문에 plan은 이 문맥에서 어울리지 않습니다. be나 stay를 써서 '10일간 머물 것이다', '10일간 있을 것이다' 정도로 표현하면 됩니다.

★ Yes, I will be here for ten days.
★ Yes, I will stay here for ten days.

혼자 다니기가 쉽지 않네요.

어색한 표현 It's not easy to **walk around** alone.

walk around: around라는 부사는 정처 없이 돌아다니는 의미가 있기 때문에 go around, walk around라고 쓰면 '목적지 없이 여기저기 돌아다니다'라는 뜻이 됩니다. '혼자 여행하다'라고 말할 때는 travel을 쓰는 것이 자연스럽습니다.

★ Traveling alone is not easy.
★ It's not easy to travel alone.

영작 문장 확인하기

> 와, 용감하시네요. 전 혼자 미국 여행 못 할 것 같아요.

어색한 표현 Wow, you're brave. I don't think I **can** travel to the U.S. alone.

can: 진짜로 미국에 가서 여행하는 것이 아니라, 나라면 그렇게 못할 것 같다는 상상, 조건하에 말하는 것이므로 시제를 과거로 바꿔서 일어날 가능성이 낮다는 것을 표현해 줘야 합니다.

---

alone 대신 by myself를 써도 됩니다.

★ Wow, you're brave. I don't think I could travel to the U.S. by myself.

실제 원어민들이 쓰는 표현으로 이루어진 대화문을 익혀 보세요.

A Excuse me, could you tell me where this building is?
My phone says it should be somewhere near here.

B It's that really tall building right over there.
You must be a BTS fan.

A Yes, I traveled to Korea because of BTS.

B Is this your first time in Korea?

A Yes, I will be here for ten days. Traveling alone is not easy.

B Wow, you're brave. I don't think I could travel to the U.S. by myself.

UNIT 33
새해 선물로 목걸이를 보고 있어요.

다음 대화를 보고 영어로 어떻게 표현할지 생각해 보세요.

 대화 주제 새해 선물로 목걸이를 쇼핑하면서 직원과 대화를 나누는 상황

 A 무엇을 도와드릴까요?

 B 새해 선물로 엄마 목걸이를 보고 있어요.

 A 이 디자인은 어떠세요?
이게 나이 드신 분들께 인기가 많아요.

 B 저희 엄마는 화려한 것은 안 좋아하세요.
저것 좀 보여 주세요.

 A 여기요.

 B 엄마가 마음에 안 들어 하시면 환불되나요?

 A 물론이죠. 7일 안에 영수증과 함께 가지고 오시면 됩니다.

영작하기

왼쪽 페이지의 우리말 문장을 하단의 단어를 활용하여 영어로 써 보세요.

A
....

B
....

A
....

....

B
....

....

A
....

B
....

A
....

활용단어&표현

목걸이 necklace
화려한 showy

디자인 design
영수증 receipt

영작 문장 확인하기

앞에서 작성한 문장에 대해 실제 원어민들이 쓰는 표현을 확인해 보세요.

> 무엇을 도와드릴까요?

어색한 표현 What can I help you?

What can I help you?: 의문사 what은 문장 안에서 모르는 정보(명사)가 what으로 변해서 문장 앞으로 나온 것이기 때문에, what 뒤에는 명사 하나가 빠진 문장 형태로 나와야 합니다. 따라서 "What can I help you with?"라고 하면 됩니다. 그 외에 가장 일반적인 표현으로 "How may/can I help you?"라고 해도 되고, "What can I do for you?"라고 해도 적합한 표현입니다.

> ★ How can/may I help you?
> ★ What can I help you with?
> ★ What can I do for you?

> 새해 선물로 엄마 목걸이를 보고 있어요.

어색한 표현 I am **finding my mom's necklace for** New Year's gift.

finding: find는 물건을 정말로 찾아낸다는 의미의 동사입니다. 원하는 물건을 찾기 위해서 두리번거리면서 보는 행동은 look for를 쓰세요.

my mom's necklace: 소유격인 my mom's를 쓰면 '엄마 소유의 목걸이'라는 뜻이 되어 엄마 목걸이가 분실되어서 찾고 있는 뉘앙스가 됩니다. 엄마께 드릴 목걸이를 찾고 있는 것이니까 a necklace for my mom이나 a necklace to give my mom이라고 해야 합니다.

for: 새해 선물'로' 드리는 것이므로 자격을 나타내는 as를 쓰는 것이 자연스럽습니다. for는 특정 event와 함께 쓰여야 합니다. (ex: for Christmas / 크리스마스를 맞이하여)

> ★ I am looking for a necklace as a New Year's gift to give my mom.
> ★ I am looking for a necklace as a New Year's gift for my mom.

A 이 디자인은 어떠세요?

상대에게 '좋은지 싫은지' 어떤 아이디어를 제안하여 물어볼 때에는 How about ~의 표현을 많이 씁니다.

 원어민들이 쓰는 표현

★ **How about this design?**

 A 이게 나이 드신 분들께 인기가 많아요.

어색한표현 This is **popular to old women**.

popular to: 특정 그룹의 사람들 '사이'에서 인기가 많다고 할 때는 전치사 among이나 with를 씁니다.
old women: 영어에서 old는 '늙은'이라는 어감을 가진 형용사입니다. '늙은 여자'는 좋은 표현이 아니므로 older를 사용해서 나이가 있는 분들을 표현하면 됩니다. older는 중년 정도의 나이대에 쓸 수 있는 형용사이고, elderly는 고령의 나잇대에 쓸 수 있습니다.

 원어민들이 쓰는 표현

★ **This is popular among older women.**
★ **This is popular with older women.**

> 저희 엄마는 화려한 것은 안 좋아하세요.

어색한 표현 My mom **doesn't like a showy thing**.

doesn't like: 그냥 '안 좋아하세요'라는 표현은 좀 직설적으로 느껴질 수 있기 때문에 원어민들은 '그다지', '딱히' 정도의 뉘앙스 really를 doesn't과 like 사이에 넣어서 doesn't really like 형태로 종종 사용합니다.
a showy thing: 영어에서는 일반화해서 이야기할 경우 복수 형태를 씁니다. 화려한 것 중 특정한 하나만 안 좋아하는 것이 아니라, 화려한 것은 다 안 좋아하는 것이므로 복수 형태를 쓰는 겁니다.

★ **My mom doesn't really like showy things.**

> 저것 좀 보여 주세요.

어색한 표현 Please show **that** to me.

Please show: 명령법의 문장은 아무리 please를 붙여도 지시의 뉘앙스가 강합니다. "Could you show ~?", "Can I see ~?"를 이용해서 의문문 형태로 부탁하는 것이 훨씬 더 자연스럽고 좋은 표현입니다.
that: 바로 눈앞에 있는 것을 가리키면서 말할 때는 that만 쓰지 않고 지칭하는 명사를 함께 말해 줍니다. 여기서는 목걸이를 말하는지 뻔히 알고 있기 때문에 necklace 대신 대명사 one을 쓰면 됩니다.

참고하세요

쇼핑할 때 "물건을 만져 봐도 돼요?"라고 물어볼 때 원어민들은 "Can I touch it?" 대신 "Can I hold it?" 이라는 표현을 씁니다.

★ **Could you show that one to me, please?**
★ **Could you show me that one, please?**
★ **Can I see that one, please?**

A 여기요.

Here it is.

Here it is: "Here it is."나 "Here they are."는 상대방이 물건을 찾고 있을 때 "여기에 있네." 하고 그 위치를 알려줄 때 사용하는 표현입니다. 물건을 건네주면서 "여기 있습니다."라고 할 때는 "Here you are."나 "Here you go."라는 표현을 쓰세요.

★ Here you are.
★ Here you go.

 B 엄마가 마음에 안 들어 하시면 환불되나요?

If she doesn't like it, **can I get a refund?**

can I get a refund?: "Can I get a refund?"는 환불할 물건을 가지고 와서 요청할 때 쓰는 표현입니다. 물건을 구입할 때 단순히 환불 여부를 물어보는 것이면 "Can I return it?"을 쓰세요.

★ If she doesn't like it, can I return it?

영작 문장 확인하기

물론이죠. 7일 안에 영수증과 함께 가지고 오시면 됩니다.

영어로는 손님에게 "가지고 오세요."라는 표현 자체를 잘 쓰지 않습니다. '가져와야만 하는 의무'를 안겨 주는 뉘앙스를 최대한 피하기 위해서죠. 우회적이고 부드러운 표현으로 "손님에게는 7일의 시간이 있습니다."라고 합니다. 구입한 물건의 '그' 영수증을 가져와야 하므로 the를 함께 쓰세요.

★ Sure. You have seven days to return it with the receipt.

실제 원어민들이 쓰는 표현으로 이루어진 대화문을 익혀 보세요.

A What can I help you with?

B I am looking for a necklace as a New Year's gift to give my mom.

A How about this design? This is popular among older women.

B My mom doesn't really like showy things.
Could you show that one to me, please?

A Here you are.

B If she doesn't like it, can I return it?

A Sure. You have seven days to return it with the receipt.

UNIT 34
앉아서 조금만 기다려 주세요.

다음 대화를 보고 영어로 어떻게 표현할지 생각해 보세요.

대화 주제 회사에 누군가를 만나러 와서 대화하는 상황

 무슨 일로 오셨나요?

 샌포드 씨(Mr. Sanford)를 뵈러 왔습니다.

 성함이 어떻게 되시죠?

 다니엘 리(Daniel Lee)입니다.

 잠시만요. (확인 후) 샌포드 씨 회의가 아직 안 끝나서요. 앉아서 조금만 기다려 주세요.

 회의가 언제 끝날까요?

 지금 마무리 중이시니까 곧 끝날 거예요.

 화장실은 어디에 있나요?

 저기 코너를 지나면 바로 있어요.

영작하기

왼쪽 페이지의 우리말 문장을 하단의 단어를 활용하여 영어로 써 보세요.

Ⓐ
....

Ⓑ
....

Ⓐ
....

Ⓑ
....

Ⓐ
....

....

Ⓑ
....

Ⓐ
....

Ⓑ
....

Ⓐ
....

 활용 단어 & 표현

(일을) 마무리하다 wrap up   화장실 restroom

영작 문장 확인하기

앞에서 작성한 문장에 대해 실제 원어민들이 쓰는 표현을 확인해 보세요.

 A 무슨 일로 오셨나요?

어색한 표현 Why did you come here?

Why did you come here?: 손님이 어떤 용무로 왔는지를 물어볼 때 "Why did you come here?" 라고 묻는 것은 너무 직설적이고 어감이 강한 표현입니다. 손님을 응대하는 것이므로 "어떻게 도와드릴까 요?"라는 표현이 적절합니다. "How can/may I help you?"가 가장 일반적인 표현입니다.

원어민들이 쓰는 표현
★ How can I help you?
★ How may I help you?

 B 샌포드 씨를 뵈러 왔습니다.

'~를 뵈러 왔습니다'라는 뜻의 다양한 표현

1 **I have an appointment with ~:** 가장 일반적인 표현으로, '~와 약속이 있다'라는 의미입니다.

2 **I am here to see ~:** '~를 만나러 여기에 왔다'라는 의미로, meet 대신 see를 쓸 수 있습니다.

3 **I am supposed to see/meet ~:** be supposed to ~는 '~하기로 되어 있다'라는 뜻으로, 일정이 나 약속의 의미가 있습니다.

4 **~ is expecting me today:** '~가 나를 기다리고 있다'라는 의미로 만나기로 한 약속을 표현할 수 있 습니다.

원어민들이 쓰는 표현
★ I have an appointment with Mr. Sanford.
★ I am here to see Mr. Sanford.
★ I am supposed to see/meet Mr. Sanford today.
★ Mr. Sanford is expecting me today.

276

A 〈 성함이 어떻게 되시죠?

(어색한 표현) **Can I ask your name?**

Can I ask your name?: 이 표현은 보통 대화를 하다가 누구인지 헷갈리거나 궁금해서 이름을 물어볼 때 씁니다. 처음 이름을 물을 때는 "What's your name?"이나 "Can I have your name?"이라고 하면 됩니다.

 ★ **Can I have your name, please?**

 B 〈 다니엘 리입니다.

실제 회화에서는 이름이 뭔지 물어봤을 때 그냥 이름만 언급하는 경우가 많습니다.

 ★ **Daniel Lee.**

 A 〈 잠시만요.

(어색한 표현) **Wait please.**

Wait please: 손님에게 잠시 기다려 달라고 요청을 할 때 wait을 쓰려면 "Wait just one moment, please."라고 갖춰 말하는 것이 좋습니다.

 ★ **One moment, please.**
★ **Wait just one moment, please.**
★ **Just one second, please.**

> 샌포드 씨 회의가 아직 안 끝나서요.

어색한표현 Mr. Sanford's meeting is not finished yet.

Mr. Sanford's meeting: 영어에서는 이미 언급된 사람은 대명사로 대체해서 쓰는 경우가 많습니다.

is not finished: 수동태를 쓰면 누군가에 의해 회의가 끝내지는 뉘앙스입니다. finish는 목적어가 필요 없는 자동사이기 때문에 그냥 his meeting hasn't finished yet라고 하거나 his meeting hasn't ended yet라고 하면 됩니다. 과거에 시작된 일이 아직도 이어지고 있으므로 현재완료형을 쓰는 것도 잊지 마세요.

그 외에도 "아직 회의 중이십니다."라는 의미로 "He is still in a meeting."이라고 해도 됩니다.

★ His meeting hasn't finished/ended yet.
★ He is still in a meeting.

> 앉아서 조금만 기다려 주세요.

어색한표현 Please sit down over there, and wait for him.

Please sit down: 아무리 please를 붙여도 명령문은 지시의 느낌이 강하므로, 손님에게 함부로 쓰면 안 됩니다. 또한 sit down은 앉는 동작을 말하기 때문에 그 동작을 요구하는 뉘앙스가 더욱 강해집니다. 따라서 have a seat를 이용하는 것이 훨씬 부드럽습니다.

'그가 나올 때까지'라는 표현으로 until he is free를 뒤에 붙일 수 있습니다. 또한 상대방이 앉기를 원하는 상황이라면 "Go ahead and have a seat.(가서 앉으세요.)"라고 해도 됩니다.

★ You can have a seat.
★ You can have a seat right over there until he is free.
★ Go ahead and have a seat.

회의가 언제 끝날까요?

"회의가 언제 끝날까요?"를 "When will the meeting end/finish?"라고 쓰면 너무 직설적으로 들릴 수 있습니다. Do you know나 When do you think 등을 덧붙여서 우회적이고 공손한 표현으로 만들어 주는 것이 좋습니다.

★ When do you think it will end/finish?
★ How soon do you think it will end/finish?
★ Do you know when it will end/finish?
★ Do you know how soon it will end/finish?

지금 마무리 중이시니까 곧 끝날 거예요.

'(일을) 마무리하다'라는 뜻으로 wrap up이라는 표현을 씁니다. 지금 진행 중인 일을 강조할 때 종종 right now를 붙이므로, "It's wrapping up right now."라고 말할 수 있습니다.

'곧 끝날 것이다'라는 표현은 it will be over soon이라고 해도 되지만, '시간이 그렇게 오래 걸리진 않을 것이다'를 강조해서 it shouldn't take that long이라는 표현을 써도 좋습니다.

★ It's wrapping up right now, so it shouldn't take that long.

화장실은 어디에 있나요?

어색한표현 Where is the restroom here?

Where is the restroom here?: 한국말로는 "여기 화장실 어디에 있어요?"라고 묻지만, 영어로는 "근처에 화장실 있나요?"라고 하여 "Is there a restroom nearby?"라고 해야 더 자연스럽게 들립니다.

★ Is there a restroom nearby?

저기 코너를 지나면 바로 있어요.

어색한표현 If you pass the corner, it is right there.

If you pass the corner, it is right there: 영어에서는 코너를 지나가는 것을 pass라고 쓰지 않습니다. 코너를 빙 둘러 돌아가는 느낌으로 around를 써서 it's around the corner라고 표현합니다.

★ It's right around the corner.
★ It's just around the corner.

실제 원어민들이 쓰는 표현으로 이루어진 대화문을 익혀 보세요.

A How can I help you?

B I am here to see Mr. Sanford.

A Can I have your name, please?

B Daniel Lee.

A Just one second, please. His meeting hasn't finished yet. You can have a seat right over there until he is free.

B When do you think it will end?

A It's wrapping up right now, so it shouldn't take that long.

B Is there a restroom nearby?

A It's right around the corner.

UNIT 35

다음 주 월요일부터 연휴예요.

다음 대화를 보고 영어로 어떻게 표현할지 생각해 보세요.

대화 주제   연휴로 인해 스케줄을 조정하는 비즈니스 상황

다음 주 화요일에 서류를 보내 드려도 괜찮을까요?

이번 주 금요일까지 보내 주시면 좋겠습니다.
다음 주 월요일부터 설 연휴예요.

죄송합니다. 제가 먼저 확인을 했어야 했는데.
이번 주 내로 보내 드리도록 하겠습니다.
설 연휴에는 뭘 하시나요?

저희 가족 모두 큰아버지 댁에 모입니다.

좋으시겠네요. 즐거운 설 보내시길 바라요.

감사합니다. 연휴 끝나고 연락드리겠습니다.

영작하기

왼쪽 페이지의 우리말 문장을 하단의 단어를 활용하여 영어로 써 보세요.

A

B

A

B

A

B

영작 문장 확인하기

앞에서 작성한 문장에 대해 실제 원어민들이 쓰는 표현을 확인해 보세요.

> 다음 주 화요일에 서류를 보내 드려도 괜찮을까요?

어색한 표현 Can I send the document on next Tuesday?

Can I send the document: 비즈니스 상황에서 괜찮은지를 물을 때는 "Can I ~?"라는 표현보다는 일어날 가능성을 낮춰 주는 가정법의 원리를 적용하여 공손한 표현을 만듭니다. "Would it be all right if I ~?"라고 하면 '(안 괜찮을 수도 있지만,) 혹시 괜찮으시다면 ~해도 될까요?'라는 조심스러운 표현이 됩니다.

on next Tuesday: 시간의 단위 Tuesday 앞에 this, that, last, next, every 등이 오면 스스로 부사 역할을 하기 때문에 on은 생략합니다.

★ Would it be all right if I sent the document next Tuesday?
★ Would it be okay if I could send the document next Tuesday?

> 이번 주 금요일까지 보내 주시면 좋겠습니다.

어색한 표현 It's better if you send it until this Friday.

It's better: 상대방에게 양해를 구할 때는 우회적이고 간접적인 표현이 더 공손하고 자연스럽습니다. 따라서 이 문장도 가정법의 원리를 적용하여 "(안 될 수도 있겠지만,) 금요일까지 보내 준다면 더 좋을 것 같습니다."라고 표현하는 게 좋습니다.

until this Friday: 어떤 행동이나 상태가 멈추지 않고 기한까지 진행, 지속될 때 쓰는 것이 until입니다. 이 문맥에서는 금요일까지 서류를 보내는 '행동을 끝내겠다, 완성하겠다'라는 뜻이므로 기한까지 일을 마무리하는 by를 써야 합니다.

★ It would be better if you could send it by this Friday.

다음 주 월요일부터 설 연휴예요.

어색한 표현 The Lunar New Year holiday **is from** Monday.

is: 설 연휴는 월요일에 '시작되는' 것이므로 동사 start를 쓰는 것이 자연스럽습니다.

from: from은 to와 짝으로 쓰여, 언제부터 언제까지 상태나 동작이 지속된다고 할 때 쓰는 전치사입니다. start는 시작점을 알려주는 동사이므로, 계속과 지속의 전치사 from과 쓸 수 없습니다. 시작은 월요일에 한 번만 이루어지는 것이므로 on과 함께 써야 합니다.

★ **The Lunar New Year holiday starts on Monday.**

죄송합니다. 제가 먼저 확인을 했어야 했는데.

어색한 표현 I am sorry. I **should check** first.

should check: should는 '~해야 한다'라는 뜻으로, 앞으로의 의무를 이야기하죠. 이미 다 끝난 일을 떠올리며 '~했어야 했는데'라는 심경을 표현할 경우에는 should 뒤에 현재완료형을 써 줘야 합니다.

★ **I am sorry. I should have checked first.**

> 이번 주 내로 보내 드리도록 하겠습니다.

[어색한 표현] I will send it to you **within this week**.

within this week: 시간의 단위인 week 앞에 this/that/every/last 등이 나오면 스스로 부사의 역할을 합니다. 이번 주에 끝낸다는 것이 이번 주 내로 끝낸다는 의미이므로 within이라는 전치사를 함께 쓰지 않습니다. 이번 주 '내로'를 강조하고 싶다면 some time이라는 부사를 this week 앞에 넣어 줍니다. within이라는 전치사를 쓰고 싶다면 this week 대신에 지금 말하는 시점의 '그' 주를 나타내는 the week을 써서 within the week라고 합니다.

> ★ I will send it to you within the week.
> ★ I will send it to you (some time) this week.

> 설 연휴에는 뭘 하시나요?

[어색한 표현] What do you do **on** the Lunar New Year holiday?

on: 설날 당일을 이야기를 이야기하는 것이 아니라 설 연휴를 맞이해서 무엇을 할 건지 묻는 것이므로 event와 함께 쓰이는 전치사 for를 씁니다.

> ★ What do you do for the Lunar New Year holiday?

저희 가족 모두 큰아버지 댁에 모입니다.

어색한 표현 All of my family gather at my oldest uncle's house.

All of my family: all은 셀 수 있는 명사와 쓸 때 보통 복수 명사와 함께 씁니다. 여기서는 내 가족 '전부'를 말하는 것이므로, all보다는 whole이나 entire를 쓰는 것이 더 자연스럽습니다.

gather: gather는 단순히 사람들이 한 곳에 모여드는 행동을 나타냅니다. 친목을 위해 모임으로 모이는 것은 get together를 쓰는 것이 자연스럽습니다.

★ My whole family gets together at my oldest uncle's house.
★ My entire family gets together at my oldest uncle's house.

 좋으시겠네요. 즐거운 설 보내시길 바라요.

어색한 표현 Good for you. I wish you have good Lunar New Year.

Good for you: "Good for you."는 상대방이 좋은 결과를 얻거나 경사가 생겼을 때 쓰는 표현입니다. 여기서는 '가족을 만날 생각에 좋겠다'라는 의미이므로 "You must be excited."가 좋습니다.

wish: wish는 그렇게 될 수 없음을 알면서 반대의 것을 바라는 의미이므로 정말로 그렇게 되기를 바랄 때는 hope를 써야 합니다.

good Lunar New Year: 시간을 나타내는 단어 앞에 형용사를 쓰면 좋은 시간인지, 바쁜 시간인지, 나쁜 시간인지 '시간의 한 종류'를 나타내므로, 형용사 앞에 부정관사 a를 써 줍니다.

★ You must be excited. I hope you have a good Lunar New Year.

287

감사합니다. 연휴 끝나고 연락드리겠습니다.

어색한표현 Thank you. I will call you after the holiday **is over**.

is over: 연휴 후에 연락하겠다는 것은 '연휴가 끝나고 연락하겠다'라는 뜻이므로, after로도 충분히 의미를 전달할 수 있습니다.

'연락하겠다'라는 뜻의 다양한 표현

1 **I will contact you:** 보편적으로 '연락하다'라는 의미로 contact를 씁니다.

2 **I will email you:** 이메일로 연락하겠다는 의미입니다.

3 **I will give you a call:** 전화하겠다는 의미로, 단순히 call you라고 하는 것보다 give you a call이라고 하는 것이 더 자연스럽습니다.

★ **Thank you. I will contact you after the holiday.**

실제 원어민들이 쓰는 표현으로 이루어진 대화문을 익혀 보세요.

A Would it be all right if I sent the document next Tuesday?

B It would be better if you could send it by this Friday. The Lunar New Year holiday starts on Monday.

A I am sorry. I should have checked first. I will send it to you within the week. What do you do for the Lunar New Year holiday?

B My whole family gets together at my oldest uncle's house.

A You must be excited. I hope you have a good Lunar New Year.

B Thank you. I will contact you after the holiday.

UNIT 36
얼굴보다는 성격이 더 중요하지.

다음 대화를 보고 영어로 어떻게 표현할지 생각해 보세요.

 대화 주제 소개팅을 하고 온 친구와 소개팅에 대한 이야기를 나누는 상황

 A 소개팅 어땠어?

 B 괜찮았어. 좋은 사람 같기는 한데, 내 스타일은 아니야.

 A 그래도 한 번 더 만나 봐.
얼굴보다 성격이 더 중요하지.
올해는 꼭 남자 친구 만들고 싶다고 했잖아.

 B 그래도 내가 끌려야지, 그냥 아무나 사귈 수는 없어.
난 지민이처럼 날씬하고 귀여운 스타일이 좋단 말이야.

 A 꿈 깨라!
그러다가는 평생 남자 친구 못 만들 수도 있어.

영작하기

왼쪽 페이지의 우리말 문장을 하단의 단어를 활용하여 영어로 써 보세요.

A
....

B
....

A
....

....

....

B
....

....

A
....

....

활용 단어 & 표현

소개팅 blind date   성격 personality

~에 (이성적으로) 끌리다 be attracted to ~

영작 문장 확인하기

앞에서 작성한 문장에 대해 실제 원어민들이 쓰는 표현을 확인해 보세요.

> 소개팅 어땠어?

어색한표현 How was **blind date**?

blind date: 서로 만나 본 적이 없는 사람을 만나서 데이트하는 것, 즉 '소개팅'은 영어로 blind date라고 합니다. 여기서는 '네가 한 소개팅'을 정확히 짚어서 물어보는 것이므로 정관사 the나 소유격 your를 붙여서 표현합니다.

★ How was the blind date?
★ How was your blind date?

> 괜찮았어. 좋은 사람 같기는 한데, 내 스타일은 아니야.

어색한표현 It was okay. He **looks like** a good guy, but he is not **my style**.

looks like: look like는 진짜 눈으로 보기에 그렇게 보인다는 뜻으로, 사람의 외형을 봤을 때 어떻게 보인다고 할 때는 맞는 뜻입니다. 하지만 데이트를 하거나 시간을 보내고 나서 어떤 인상과 느낌을 받았을 때는 seem like을 쓰는 것이 자연스럽습니다.

my style: "He is not my style.(그는 내 스타일이 아니야.)"은 콩글리시입니다. 영어로는 my type이라는 표현을 씁니다.

★ It was okay. He seems like a good guy, but he is not my type.

292

A 그래도 한 번 더 만나 봐.

〔어색한 표현〕 But **meet** him one more time.

meet: 남녀가 서로 이성으로 만나서 시간을 보낼 때는 go out with를 씁니다.

〔비교〕 date는 보통 지속적으로 데이트하거나 사귈 때 사용하는 동사입니다.

친구에게 조언을 할 때 명령문은 어감이 너무 강합니다. Maybe you should ~를 써서 좀 더 부드러운 어감을 만들어 주세요.

★ Maybe you should go out with him one more time.

A 얼굴보다 성격이 더 중요하지.

〔어색한 표현〕 Personality is more important than **faces**.

faces: 여기서는 실제 '얼굴'만 이야기하는 것이 아니라 '생김새'를 의미하므로, look을 쓰는 것이 적합합니다. appearance는 얼굴뿐 아니라 머리, 옷 입는 것까지 '보이는 모습 전체'를 뜻합니다.

★ Personality is more important than looks.

올해는 꼭 남자 친구 만들고 싶다고 했잖아.

어색한표현 You said you **want** to **make a boyfriend** this year.

want: 다른 사람의 말을 전달하는 문장에서는 말한 내용의 시제를 주절의 시제와 일치시켜야 합니다. You said(과거시제)이므로 you wanted(과거시제)를 써야 맞습니다. 간혹 현재에도 그런 상태일 때는 said 뒤에 현재시제를 쓰기도 합니다.

make a boyfriend: 영어에서는 '남자 친구를 만들다'라는 표현은 동사 get으로 표현합니다.

★ You said (that) you wanted to get a boyfriend this year.

그래도 내가 끌려야지, 그냥 아무나 사귈 수는 없어.

어색한표현 But I want to **be drawn** to him. I **just** can't **meet** anyone.

be drawn: 이성의 매력에 끌릴 때는 be attracted(매력에 끌리다)를 씁니다. '그 사람의 매력에 끌림을 느끼는 것'이므로 "I want to feel attracted to him."이라고 쓰세요.

비교 attractive는 '매력적인'이라는 뜻으로, "He is attractive.(그는 매력적이다.)"라고 할 때 씁니다.

just: '그냥 만나다'가 아니라 '그냥 아무 사람이나'라는 뜻이므로, 수식해 주는 대상에 붙여 쓰는 것이 더 자연스럽습니다.

meet: 이성 간의 만남이므로 go out with 또는 date를 쓰세요.

★ But I want to feel attracted to him. I can't date just anyone.
★ But I want to feel attracted to him. I can't go out with just anyone.

B 난 지민이처럼 날씬하고 귀여운 스타일이 좋단 말이야.

어색한표현 I like slim, cute **style** like Jimin.

style: '지민'은 스타일이 아니라 사람이죠. 영어로는 '지민이처럼' 날씬하고 귀여운 남자가 좋다고 표현해야 하고, 그런 남자 한 명이 아니라 그런 남자들을 좋아하는 것이므로 복수형으로 일반화하여 씁니다.

★I like slim, cute guys like Jimin.

 A 꿈 깨라!

어색한표현 Wake up from your dream!

Wake up from your dream!: 영어에서는 "꿈 깨라!"를 "Wake up! Stop dreaming!"이라고 표현합니다. 직역하면 "깨어나! 꿈 그만 꿔!" 정도가 되죠.

★Wake up! Stop dreaming!

> 그러다가는 평생 남자 친구 못 만들 수도 있어.

어색한표현 You will not get a boyfriend **in your life**, **acting like that**.

in your life: 여기서 '평생'은 '평생 못 한다'라는 뜻이므로, 부정을 not이 아닌 never로 써야 합니다. 이미 ever가 '계속', '평생'이라는 의미를 내포하고 있으므로 in your life는 생략합니다.

acting like that: 상대방이 어떤 행동을 한 것이 아니라 '생각'을 한 것이므로 acting을 thinking으로 바꿔야 합니다.

★ You'll never get a boyfriend, thinking like that.

실제 원어민들이 쓰는 표현으로 이루어진 대화문을 익혀 보세요.

A How was the blind date?

B It was okay. He seems like a good guy, but he is not my type.

A Maybe you should go out with him one more time. Personality is more important than looks. You said that you wanted to get a boyfriend this year.

B But I want to feel attracted to him. I can't date just anyone. I like slim, cute guys like Jimin.

A Wake up! Stop dreaming! You'll never get a boyfriend, thinking like that.

UNIT 37
커피숍 앞에서 세워 주세요.

다음 대화를 보고 영어로 어떻게 표현할지 생각해 보세요.

 대화 주제 택시에서 도로 상황과 목적지에 대해 대화를 나누는 상황

 A 어디로 모실까요?

 B 강가에 있는 힐튼(Hilton) 호텔이요.
여기는 늘 이렇게 막히나요?

 A 아니요. 이 근처에 사고가 난 것 같아요.

 B 대략 얼마나 걸릴까요?

 A 30분 후에는 도착할 거예요.

 B (도착지 근처에서) 저기 횡단보도에서 차 돌려서 커피숍 앞에 세워 주세요.

 A 네, 알겠습니다. (도착한 후에) 다 왔습니다. 27달러 50센트입니다.

 B 여기 30달러요. 잔돈은 가지세요.

영작하기

왼쪽 페이지의 우리말 문장을 하단의 단어를 활용하여 영어로 써 보세요.

Ⓐ

Ⓑ

Ⓐ

Ⓑ

Ⓐ

Ⓑ

Ⓐ

Ⓑ

영작 문장 확인하기

앞에서 작성한 문장에 대해 실제 원어민들이 쓰는 표현을 확인해 보세요.

 어디로 모실까요?

어색한 표현 Where do you want to go?

Where do you want to go?: 택시 탔을 때 손님이 먼저 목적지를 이야기하지 않는 경우, 택시 기사가 어디로 가냐고 물을 때 간단히 "Where to?(어디로요?)"라고 줄임 형태로 묻는 것이 일반적입니다.

 ★ Where to?

 강가에 있는 힐튼 호텔이요.

어색한 표현 Hilton Hotel on the **riverside**.

Hilton Hotel: 보통 호텔 이름은 앞에 the를 쓰며, 힐튼 호텔처럼 유명한 호텔은 종종 hotel을 생략해서 말하기도 합니다.

riverside: riverside는 주로 이름에 사용되는 단어이고, 실제 회화에서 '강 근처에 있는 호텔'이라고 말할 때는 by the river나 near the river라고 하면 됩니다.

택시에서 목적지 말하기

내가 가고자 하는 장소가 택시 기사가 알 만한 곳이 아닌 경우, 주소를 알려 주면 됩니다.

 ★ The Hilton (Hotel) by the river.

여기는 늘 이렇게 막히나요?

'차가많다/막히다'라는뜻의다양한표현

1 There is a lot of traffic.

2 There is heavy traffic.

3 Traffic is heavy.

'이렇게 ~하다'라는 표현은 this로 말해 줍니다.

★ Is there always this much traffic?
★ Is traffic always this heavy?
★ Is traffic always this bad?

아니요. 이 근처에 사고가 난 것 같아요.

어색한표현 No, I think **there was** an accident around here.

there was: "There was an accident."라고 쓰면 정말 사고가 발생한 것을 알고 있는 어감으로, 뉴스를 봤거나 길가의 차 파편을 봤을 때 사용할 수 있습니다. '사고가 있었을 것 같다'라는 단순한 추측, 가능성을 이야기할 때는 부사 maybe를 붙이거나 may/might have+p.p.를 이용해야 합니다.

★ No, maybe there was an accident around here.
★ No, there may have been an accident around here.
★ No, there might have been an accident around here.

> ### 대략 얼마나 걸릴까요?

어색한 표현 How much it will take?

How much: How much는 양을 나타낼 때 쓰는 부사입니다. 한국말로 '얼마나'가 시간의 길이를 나타내는 경우에는 How long을 써야 합니다. about/around(대략)라는 부사를 쓰고 싶으면 How long 앞에 붙여 주면 됩니다.

it will: 한국말을 영어로 바꿀 때 종종 의문문의 도치를 놓치는 경우가 많습니다. 조동사 will을 주어 앞으로 보내는 것이 자연스럽게 나오도록 입으로 많이 연습하세요.

> ★ About how long will it take (to get to the hotel)?
> ★ Around how long will it take (to get to the hotel)?

> ### 30분 후에는 도착할 거예요.

어색한 표현 We will arrive 30 minutes later.

will: 조동사 will은 정말로 그럴 것이라고 확신하고 말하는 것입니다. 택시 기사가 경험상 정확히 얘기해 줄 수 있는 경우면 will이 자연스럽겠지만, 지금은 평소와 다르게 막히고 있는 상태죠. 따라서 '막혀도 30분 후에는 도착해야 맞는 상황'이라는 뉘앙스로 should가 어울립니다.

later: 30 minutes later라는 것은 특정 시점으로부터 '30분 후에'라는 뜻입니다. '숙제 다 끝내고 30분 후'라던가, '주문하고 30분 후'라던가 어떤 특정 시점이 나와야 합니다. 말하는 시점인 '지금으로부터 30분 후'는 전치사 in을 써야 합니다.

> ★ We should arrive in 30 minutes.
> ★ We should be there in 30 minutes.
> ★ We should get there in 30 minutes.

B 저기 횡단보도에서 차 돌려서 커피숍 앞에 세워 주세요.

(어색한표현) **Please turn (the car) around** at that crosswalk and **stop** in front of the coffee shop.

Please turn (the car) around: 명령문의 형태는 please를 붙여도 지시의 어감이 강하기 때문에 의문문의 형태로 "Could you turn around ~?" 또는 "You can turn around ~."라고 쓰는 것이 좋습니다.
stop: stop the car는 달리는 차를 그 자리에서 멈추게 할 때 씁니다. 즉, 응급 상황 시에나 쓸 수 있는 표현이죠. 택시를 어딘가에 세워 달라고 할 때는 let me out이라고 쓰세요.

(비교) '차를 세워 달라/내려 달라'라고 할 때 볼 수 있는 drop me off는 상대방이 목적지로 가는 길에 내려 줄 때 사용하는 표현입니다.

★ Could you turn (the car) around at that crosswalk and let me out in front of the coffee shop?
★ You can turn (the car) around at that crosswalk and let me out in front of the coffee shop.

A 네, 알겠습니다. (도착한 후에) 다 왔습니다. 27달러 50센트입니다.

영어로 가격을 말할 때 'That'll be+가격'의 형태를 주로 씁니다. 또한 회화에서 액수를 말할 때 dollar나 cent를 말하지 않아도 알아서 이해하기 때문에 간단하게 'twenty-seven, fifty'라고 말하면 됩니다.

★ No problem. (......) Here we are! That'll be $27.50.

여기 30달러요. 잔돈은 가지세요.

어색한표현 **Here are** 30 dollars. **You can have** the change.

Here are: 돈은 액수가 아무리 많아도 단수 취급을 합니다.

You can have: 이미 돈을 지불한 상태에서 잔돈은 돌려줄 필요가 없다는 표현이기 때문에 그 상태를 그대로 유지하는 뜻의 keep을 씁니다. 보통 "Keep the change."라는 굳어진 형태로 쓰입니다.

★ **Here is 30. Keep the change.**

실제 원어민들이 쓰는 표현으로 이루어진 대화문을 익혀 보세요.

A Where to?

B The Hilton by the river. Is traffic always this heavy?

A No, maybe there was an accident around here.

B About how long will it take to get to the hotel?

A We should arrive in 30 minutes.

B Could you turn around at that crosswalk and let me out in front of the coffee shop?

A No problem. (......) Here we are! That'll be $27.50.

B Here is 30. Keep the change.

UNIT 38

여기서 뭐가 제일 맛있어요?

다음 대화를 보고 영어로 어떻게 표현할지 생각해 보세요.

대화 주제   식당에서 인기 메뉴를 물어보고 주문하는 대화

 주문하시겠어요?

 (메뉴판을 보면서) 아직 못 정했어요.
여기서 뭐가 제일 맛있어요?

 저희 식당은 스테이크가 유명합니다.

 그럼 그걸로 할게요.

 스테이크는 살짝 익히는 것, 적당히 익히는 것, 바싹 익히는 것 중에
어떻게 익혀 드릴까요?

 바싹 익혀 주세요.

 사이드를 선택하실 수 있습니다. 샐러드로 하시겠어요, 감자튀김으로
하시겠어요?

 감자튀김으로 주세요.

영작하기

왼쪽 페이지의 우리말 문장을 하단의 단어를 활용하여 영어로 써 보세요.

Ⓐ

Ⓑ

Ⓐ

Ⓑ

Ⓐ

Ⓑ

Ⓐ

Ⓑ

활용 단어 & 표현

주문하다 order   아직 yet

추천하다 recommend   감자튀김 fries

영작 문장 확인하기

앞에서 작성한 문장에 대해 실제 원어민들이 쓰는 표현을 확인해 보세요.

 주문하시겠어요?

어색한 표현 Do you want to order?

Do you want to order?: 이 표현은 "주문하고 싶으세요?"라는 다소 직설적인 의미로, 손님에게 쓰기에는 너무 informal한 표현이 됩니다.

음식 주문을 받을 때 사용되는 다양한 표현

1. **Is everyone ready to order?:** "모두가 주문할 준비가 되었나요?"라는 의미입니다.
2. **Can/May I take your order?:** take one's order 하면 '주문을 받다'라는 뜻입니다.
3. **Are you ready to order?:** 가장 일반적인 표현으로, 주문할 준비가 되었는지 묻는 표현입니다.
4. **Are we ready to order?:** you 대신 we를 써서 좀 더 친근하게 표현할 수 있습니다.
5. **What can I get for you today?:** get은 '가져다주다'라는 의미가 있습니다. 이 문장은 "제가 오늘 무엇을 가져다드릴까요?"라고 주문을 받는 표현입니다.

★ Is everyone ready to order?
★ Can/May I take your order?
★ Are you ready to order?
★ Are we ready to order?
★ What can I get for you today?

아직 못 정했어요.

I couldn't decide yet.

couldn't decide: 메뉴판을 받고 지금 현재까지 계속 결정을 못하고 있는 것이므로, 현재완료형으로 상태의 지속을 표현해 줍니다.

"아직 못 정했어요."라는 말 뒤에 "Could you give us a few more minutes?(시간을 조금 더 주시겠어요?)"를 붙여 줘도 좋아요.

★ I haven't decided yet.
★ I still haven't made up my mind.
★ I am still not quite ready.
★ I am still not sure yet.

여기서 뭐가 제일 맛있어요?

What is most delicious here?

What is most delicious here?: 영어에서는 "뭐가 제일 맛있어요?"라는 표현을 "무엇을 추천해 주시겠어요?"나 "어떤 걸 추천해 주실 수 있나요?"로 말합니다.

★ What would you recommend?
★ Can you recommend anything?

영작 문장 확인하기

 A 저희 식당은 스테이크가 유명합니다.

어색한 표현 Our restaurant is **famous for steak.**

famous for steak: 유명하다는 것은 자체의 특징과 특색으로 유명한 것이기 때문에, be famous for 뒤의 명사는 늘 소유격과 함께 쓰입니다. steak는 식당에서 파는 모든 스테이크 요리를 지칭하는 것이므로 복수 형태(steaks)로 씁니다. 또한 '저희 식당'을 we로 표현해도 됩니다.

 원어민들이 쓰는 표현
> ★ Our restaurant is famous for its steaks.
> ★ We are famous for our steaks.

 B 그럼 그걸로 할게요.

어색한 표현 I will **get/eat/take** the steak, then.

get/eat/take: 식당에서 음식을 고를 때는 늘 have로 표현합니다.

 원어민들이 쓰는 표현
> ★ I will have the steak, then.

310

스테이크는 살짝 익히는 것, 적당히 익히는 것, 바싹 익히는 것 중에 어떻게 익혀 드릴까요?

"스테이크를 어떻게 익혀 드릴까요?"라는 표현으로 "How would you like your steak?"가 있습니다. 그 뒤에 rare(살짝 익힌), medium(적당히 익힌), well-done(바싹 익힌)을 붙여 익힘 정도를 선택할 수 있도록 제안합니다. 여기서는 steak를 이야기하는 것이 뻔하므로 대명사 it으로 대체하여 써도 됩니다.

★ How would you like your steak: rare, medium, well-done?
★ How do you prefer your steak: rare, medium, well-done?

 바싹 익혀 주세요.

고기의 익힘 정도를 선택할 때는 "~, please.(~ 주세요.)"라고 간단히 말하거나 "I will have mine ~, please.(제 것은 ~로 할게요.)"라고 이야기할 수 있습니다.

★ Well-done, please.
★ I will have mine well-done, please.

사이드를 선택하실 수 있습니다. 샐러드로 하시겠어요,
감자튀김으로 하시겠어요?

영어에서 음식이나 물건이 함께 나올 때 come with라는 표현을 씁니다. 또한 같이 나오는 사이드 메뉴를 선택해야 할 때는 a choice of sides라는 굳어진 표현이 쓰입니다. 따라서 "It comes with a choice of sides."로 말하면 됩니다. 손님에게 "Do you want ~?"라는 말은 너무 격식이 없는 표현이 되기 때문에 "Would you like ~?"로 쓰는 것도 기억하세요.

★ It comes with a choice of sides. Would you like salad or fries?

감자튀김으로 주세요.

선택 사항 중에서 하나를 골라 please를 붙여서 간단히 말하면 됩니다.

★ Fries, please.

실제 원어민들이 쓰는 표현으로 이루어진 대화문을 익혀 보세요.

A Are you ready to order?

B I haven't decided yet. Can you recommend anything?

A Our restaurant is famous for its steaks.

B I will have the steak, then.

A How would you like your steak: rare, medium, well-done?

B Well-done, please.

A It comes with a choice of sides. Would you like salad or fries?

B Fries, please.

UNIT 39

토요일에 선약이 있어요.

다음 대화를 보고 영어로 어떻게 표현할지 생각해 보세요.

 대화 주제   같이 영화를 보러 가자고 약속을 정하는 대화

 A 요즘 좋은 영화 뭐가 있어요?

 B 새로운 스파이더 맨 영화가 나왔어요. 재미있다고 하더라고요.

 A 와, 잘됐네요! 스파이더 맨 시리즈를 정말 좋아하거든요.
최근에 너무 바빠서 영화를 볼 시간이 없었어요.

 B 이번 주 토요일에 그 영화 보러 갈래요?

 A 이번 주 토요일은 안 돼요. 선약이 있어요.

 B 그럼 일요일은요?

 A 일요일은 괜찮아요.

 B 표는 제가 예매해 놓을게요.

 A 그럼 제가 팝콘이랑 콜라 살게요.

영작하기

왼쪽 페이지의 우리말 문장을 하단의 단어를 활용하여 영어로 써 보세요.

A
....

B
....

A
....

....

B
....

A
....

B
....

A
....

B
....

A
....

 **활용단어 & 표현**

스파이더 맨 Spider-Man   영화 보러 가다 go see a movie/go to the movies

영작 문장 확인하기

앞에서 작성한 문장에 대해 실제 원어민들이 쓰는 표현을 확인해 보세요.

> **A** 요즘에 좋은 영화 뭐가 있어요?

새로운 영화가 '나왔다'라는 표현은 영어로 be out이라고 하고, 영화관에서 '상영 중이다'라는 표현은 be playing이라고 합니다. "무슨 좋은 영화가 상영 중인가요?"라고 하여 What good movies를 활용해서 쓸 수도 있고, "상영 중인 좋은 영화가 있나요?"라는 표현으로 Are there any good movies를 활용할 수도 있습니다.

★ What good movies are out now?
★ What good movies are playing?
★ Are there any good movies out now?
★ Are there any good movies playing?

> **B** 새로운 스파이더 맨 영화가 나왔어요. 재미있다고 하더라고요.

어색한표현 A new Spider-Man movie **came out** and people say that it is **fun**.

came out: 영화가 새로 나왔다는 표현은 영어로 be out을 이용합니다. 상영 중임을 나타낼 때는 be playing을 쓰세요.

fun: 재미있음을 나타내는 fun은 어떤 경험이나 행동이 재미있을 때 쓰는 표현으로, 가만히 앉아서 화면을 지켜보는 '시청'에는 어울리지 않습니다. TV나 영화가 재미있을 때는 보통 good이나 interesting을 사용합니다.

★ A new Spider-Man movie is out and people say it's good.
★ A new Spider-Man movie is playing and people say it's good.

> 와, 잘됐네요! 스파이더 맨 시리즈를 정말 좋아하거든요.

많이 좋아한다는 표현을 할 때 like 대신 love를 씁니다. '스파이더 맨 영화들'이라는 의미로 Spider-Man movies라고 해도 되고, '스파이더 맨 시리즈'라는 의미로 Spider-Man series라고 해도 됩니다. Spider-Man series를 쓸 때는 정관사 the를 꼭 써 줘야 합니다.

> ★ Wow, that's great! I love Spider-Man movies.
> ★ Wow, that's great! I love the Spider-Man series.

> 최근에 너무 바빠서 영화를 볼 시간이 없었어요.

어색한 표현 I **was** so **busy recently** that I **didn't have** time to **watch movies**.

was busy/didn't have: 과거에서 현재까지 쭉 바빠 온 것이므로 과거와 현재를 이어 주는 현재완료형을 써야 합니다.

recently: recently는 최근에 일어난 과거의 event를 이야기할 때 쓰는 부사입니다. 과거에서 현재까지 쭉 반복되거나 이어지는 일에는 lately를 써야 합니다. 이 문맥에서는 과거에서 현재까지 쭉 바빴던 것이므로 lately를 쓰는 게 자연스럽습니다.

watch movies: 영어로 '영화 보러 간다'라는 말은 go see a movie나 go to the movies라고 굳어진 표현으로 말합니다.

> ★ I have been so busy lately (that) I haven't had (any) time to go see a movie.
> ★ I have been so busy lately (that) I've had no time to go to the movies.

영작 문장 확인하기

> ### 이번 주 토요일에 그 영화 보러 갈래요?

영화 보러 가는 것을 go see a movie라고 하기 때문에, 특정 영화를 보러 영화관에 가는 것도 'go see 영화 이름'으로 말하면 됩니다. 친한 사이에는 casual한 표현으로 "Do you want to ~?"라고 물어봐도 되고, 좀 더 부드러운 표현으로 "Would you like to ~?"라고 해도 괜찮습니다.

> ★ Do you want to go see the movie this Saturday?
> ★ Would you like to go see the movie this Saturday?

> ### 이번 주 토요일은 안 돼요. 선약이 있어요.

어색한 표현 I already have **an appointment** this Saturday.

an appointment: appointment라는 것은 보통 서비스를 제공받기 위해 잡는 약속, 즉 '미용실, 병원 등의 예약/약속'을 말합니다. 앞 문장에서 이미 '영화를 보러 가자'라고 했기 때문에 '이번 주 토요일에는 영화 보러 못 간다'라는 문장에서 중복되는 부분을 생략하고 간단하게 "I can't ~~go see a movie~~ this Saturday."라고 쓰는 게 자연스럽습니다.

"선약이 있어요."의 다양한 표현

1 **I am already doing something.**
2 **I already have plans:** '계획해 놓은 일'이라는 의미의 plan은 보통 복수 형태로 씁니다.

> ★ I can't this Saturday. I already have plans.

그럼 일요일은요?

상대방에게 다른 선택/아이디어를 제안하는 경우이므로 "how about ~?" 하고 물으면 됩니다. 문맥상 그냥 Sunday만 써도 당연히 이번 주 일요일을 말하는 것임을 알 수 있습니다.

★ **Then how about Sunday?**

일요일은 괜찮아요.

fine, good, all right 등 '괜찮은'이라는 다양한 형용사를 활용하여 일요일은 괜찮다고 말해 줍니다. 또는 간단하게 "그럼요, 좋네요!"라는 의미로 "Sure, that sounds good!"이라고 할 수도 있습니다.

★ **Sunday is fine.**
★ **Sunday is good.**
★ **Sunday is all right.**
★ **Sure, that sounds good!**

영작 문장 확인하기

> 표는 제가 예매해 놓을게요.

어색한표현 I will **book** the tickets.

book: 실제 회화에서 book은 호텔 숙박이나 항공권을 예매할 때 주로 쓰입니다. 영화표는 buy나 order를 이용해서 쓰세요.

★ I will buy the tickets.
★ I will order the tickets.

> 그럼 제가 팝콘이랑 콜라 살게요.

어색한표현 Then popcorn and coke **are on me**.

are on me: "Something is on me."라는 표현은 "제가 살게요.", "제가 사는 거예요."라는 의미인데, 돈을 지불하는 현장에서 주로 하는 말입니다. 현장이 아닌 곳에서 얘기할 때는 buy나 get을 쓰면 됩니다.

★ Then I will buy popcorn and coke.
★ Then I will get popcorn and coke.

실제 원어민들이 쓰는 표현으로 이루어진 대화문을 익혀 보세요.

A What good movies are out now?

B A new Spider-Man movie is out and people say it's good.

A Wow, that's great! I love Spider-Man movies.
I have been so busy lately that I haven't had any time to go see a movie.

B Do you want to go see the movie this Saturday?

A I can't this Saturday. I already have plans.

B Then how about Sunday?

A Sunday is fine.

B I will buy the tickets.

A Then I will buy popcorn and coke.

UNIT 40

저는 특별한 취미는 없어요.

다음 대화를 보고 영어로 어떻게 표현할지 생각해 보세요.

 대화 주제 서로의 취미에 대해 대화를 나누는 상황

 A 혹시 취미가 있으세요?

 B 그림 그리는 거 좋아해요.

 A 멋있네요! 무슨 그림을 그리시는데요?

 B 전 그냥 사람들 얼굴 그리는 것을 좋아해요.
(당신은) 취미가 있으세요?

 A 전 특별히 취미는 없어요.
때로는 영화도 보고 때로는 책도 읽어요.
제가 집돌이라 집에서 하는 것들을 좋아해요.
근데 보통은 아이들 돌보느라 바빠요.

영작하기

왼쪽 페이지의 우리말 문장을 하단의 단어를 활용하여 영어로 써 보세요.

A

B

A

B

A

 **활용단어&표현**

~을 그리다 paint

집에 있기 좋아하는 사람 homebody

영작 문장 확인하기

앞에서 작성한 문장에 대해 실제 원어민들이 쓰는 표현을 확인해 보세요.

 A 〉 혹시 취미가 있으세요?

취미가 무엇이냐는 의미로 "What are your hobbies?"라고 물어볼 수도 있지만, 혹시 취미가 없을 수도 있으므로 "자유 시간에 무엇을 하시나요?"나 "취미가 있으신가요?" 등의 표현으로 돌려서 물어보는 것이 좋습니다.

★ What do you do in your free time?
★ What do you like to do for fun?
★ Do you have any hobbies?

 B 〉 그림 그리는 거 좋아해요.

어색한표현 I like **drawing a picture**.

drawing a picture: '그림을 그리다'라는 표현은 영어로 크게 2가지로 표현합니다. 붓으로 물감을 칠하면서 그리는 것은 paint, 연필을 이용해 선으로 그리는 것은 draw라고 해요. draw나 paint의 목적어 자리에는 보통 그리는 대상이 나오는데, 이 문맥에서는 무엇을 그리는지 이야기하는 상황이 아니므로 목적어를 따로 쓰지 않습니다. 여기서는 paint로 문장을 써 보겠습니다.

★ I like to paint.
★ I like painting.

324

A 멋있네요! 무슨 그림을 그리시는데요?

어색한 표현 That's nice! What **picture** do you paint?

picture: "무엇을 그리시나요?" 혹은 "어떤 종류의 것들을 그리시나요?"라고 그리는 대상을 물어보는 질문이기 때문에 "What do you paint?"나 "What kinds of things do you paint?"라고 물어봅니다.

★ That's nice! What do you paint?
★ That's cool! What kinds of things do you paint?

B 전 그냥 사람들 얼굴 그리는 것을 좋아해요.

어색한 표현 I just like to paint **human faces**.

human faces: human은 다른 종의 동물과 구분되는 '인간'으로서의 사람을 나타냅니다. 굳이 "동물이 아닌 인간의 얼굴을 그립니다."라는 의미가 아닌 이상, 그냥 '사람들'은 people로 표현하면 됩니다. 사람 한 명만 그리는 것이 아니라 사람들의 얼굴을 그리는 것이므로 복수형 people's faces로 씁니다.

★ I just like to paint people's faces.
★ I just like painting people's faces.

영작 문장 확인하기

> **B** (당신은) 취미가 있으세요?

어색한표현 What's yours?

What's yours?: 취미와 그림 그리는 것에 대해 동시에 이야기하고 있으므로 그냥 "What's yours?"라고 하면 취미에 대해 묻는 것인지, 그림에 대해 묻는 것인지 헷갈립니다. "Do you have any hobbies?" 하고 구체적으로 물어보는 것이 좋습니다.

"What about you?", "How about you?"를 앞에 덧붙이면 이야기 주인공을 상대방으로 자연스럽게 옮기면서 대화를 이어갈 수 있습니다.

★ How about you? Do you have any hobbies?
★ What about you? Do you have any hobbies?

> **A** 전 특별히 취미는 없어요.

어색한표현 I don't have **special** hobbies.

special: special은 특별하고 대단한 것에 붙이는 형용사로, "I don't have special hobbies."라고 하면 "저는 그렇게 특별한 취미는 없습니다. 제 취미는 평범해요."라는 뜻으로 들립니다. 여기서는 딱히 취미랄 것이 없다는 뜻이므로 "I don't have any hobbies."라고 말하면 됩니다.

★ I don't have any hobbies.

때로는 영화도 보고 때로는 책도 읽어요.

어색한 표현 Sometimes I watch **a movie** and sometimes I **read a book.**

a movie: 영어에서 일반화는 복수 형태를 씁니다. 영화를 한 편만 보는 것이 아니라 영화라는 것을 보는 일반적인 사실이므로 movies로 쓰세요.

read a book: 영어에서 read a book은 정말 책만 읽는다는 뜻이 됩니다. 만약 책뿐 아니라 잡지나 신문 등 모든 읽을거리를 지칭하고 싶을 때는 동사 read만 쓰면 됩니다.

 ★ **Sometimes I watch movies and sometimes I read.**

 제가 집돌이라 집에서 하는 것들을 좋아해요.

영어에서 '집에 있는 것을 좋아하는 사람', 소위 '집순이', '집돌이'를 homebody라고 합니다. '그런 편이다'라는 뉘앙스를 넣어 주려면 kind of를 씁니다. 특정한 일이 아니라 이런저런 것들을 이야기할 때 things를 씁니다. 따라서 '집에서 하는 것들'은 doing things at home 정도로 표현하면 됩니다.

 ★ **I am (kind of) a homebody, so I like doing things at home.**

영작 문장 확인하기

근데 보통은 아이들 돌보느라 바빠요.

'~하느라 바쁘다'라는 표현으로 busy 뒤에 동명사를 쓰기도 하고 with를 이용하여 일반 명사를 쓰기도 합니다.

be busy 동명사: I am busy working on the report. 난 보고서를 쓰느라 바빠.

be busy with 명사: I am busy with the report. 난 보고서 때문에 바빠.

'아이들을 돌보다'라는 의미이므로 taking care of my kids를 사용합니다.

★ But I am usually busy taking care of my kids.

실제 원어민들이 쓰는 표현으로 이루어진 대화문을 익혀 보세요.

A What do you do in your free time?

B I like painting.

A That's nice! What do you paint?

B I just like to paint people's faces. How about you?
Do you have any hobbies?

A I don't have any hobbies. Sometimes I watch movies
and sometimes I read. I am kind of a homebody, so
I like doing things at home. But I am usually busy
taking care of my kids.

MEMO

원어민의 일상 표현
쓰기 & 말하기 훈련

바로 쓰는 영어